# A. Francesco Papa

# TOTALITARISTI MASCHERATI

*20 Nicchie di pensiero in cui
il piccolo tiranno che è in noi
ama annidarsi*

# 2021

di
A. Francesco Papa
**EMAIL:**
francescopapa@mail.com
**SITO WEB:**
*https://permacultura-cattolica[1].[2]it[3]*
**CANALI TELEGRAM:**
https://[4]permaculturaorganica[5].t.me[6]
https://[7]meteoreparlanti[8].t.me[9]
https://solobuonenotizie.t.me[10]
https://gesuredi**catania**.t.me
https://gesuredi**sicilia**.t.me
https://gesuredi**talia**.t.me

---

1. *https://permacultura-cattolica.it/*

2. *https://permacultura-cattolica.it/*

3. *https://permacultura-cattolica.it/*

4. https://permaculturaorganica.t.me/

5. https://permaculturaorganica.t.me/

6. https://permaculturaorganica.t.me/

7. https://meteoreparlanti.t.me/

8. https://meteoreparlanti.t.me/

9. https://meteoreparlanti.t.me/

10. https://solobuonenotizie.t.me/

*«Non sapeva dove fosse finito.*
*Forse si trovava al Ministero dell'Amore,*
*ma non poteva esserne certo.*
*Era in una cella».*
da '1984'
di George Orwell

# Indice generale

# PREMESSA

La Commissione e la Corte Europea, investite da una quantità esorbitante di ricorsi circa torture e trattamenti disumani o degradanti perpetrati in diverse parti del mondo, hanno prodotto negli anni una giurisprudenza enorme che si, ha progressivamente demolito tali "s-torture" ...ma solo a livello giudiziale[1], giacché a livello pratico delle cose il male permane, anzi parrebbe aver trovato nelle pieghe del sistema legislativo sovranazionale ed internazionale l'humus ideale ove suppurare e fermentare... a danno e sorpresa di tutta l'umanità.

La domanda che ci facciamo allora è: *"come mai?"*.

Come mai, se i progressi tecnologici hanno enormemente avvicinato fra loro le coscienze di tutti i popoli? Come mai, se la informazione corre veloce in tutto il globo, insieme alla possibilità di una "sorveglianza infinita"?[2]

Come mai, se dal medioevo il senso civico dell'umanità ha fatto "passi da gigante" e certo non occorre conseguire titoli universitari per capire che alcuni pietosi reati sono veramente reati contro l'uomo, l'umanità e persino contro la Natura?

Se un tempo Carlo Magno lamentava l'incapacità anche per l'uomo più colto, pio e potente di controllare tutti gli uomini adducendo a ciò la segreta causa del disfacimento del mondo (e del suo impero), oggi parrebbe non essere più così, sicché il quesito che serpeggia invisibile nella steppa è terribile, e suona così:

*"forse la legge è insufficiente?"*

Che cosa può o deve fare oggi il collettivo umano più di un buon serto di leggi, per risultare efficace e più efficace?

Posto che «la tortura è sempre *intenzionale*, mentre un trattamento degradante può risultare da un insieme di circostanze che non sono state create *deliberatamente*»[3] abbiamo in ciò una parziale risposta a questa domanda.

Ebbene, se la esistenza di una **intenzione** malvagia o malata è strettamente connessa alla esistenza del **Libero Arbitrio** - che è Sacro e dunque *sempre legittimo* (anche quando produce frutti spiacevoli) - la "circostanza" che "produce" piuttosto "consequenzialmente" la violazione dei diritti umani è più controllabile dall'umano ingegno, perché non dipende dalla intenzione cattiva di questo o quell'uomo, ma da un insieme di intenzioni incerte che reagiscono le une con le altre e con il corpo legale stesso, producendo infine "Il Male" se la "chiave" immessa nella serratura del Sistema è errata o "pro-ciclica", cioè forgiata per amplificare la confusione o la perversione naturale delle umane menti piuttosto che per diradarla.

Sulla natura di questa "chiave" non è possibile dire molto, perché coincide di fatto con la *Saggezza Collettiva* arrivata a depositarsi come la manna nei parlamenti delle Nazioni di tutto il globo, tuttavia è possibile illuminarne la ciniatura, piuttosto prosaicamente, al fine di individuare almeno per contrasto lo spartito da non-seguire.

***Verità, Pace, Amore, Prosperità e Spirito*** saranno le linee del pentagramma su cui scriveremo alcune "note", suggerite da diversi testi per dimostrare come gli anticorpi per resistere ad ogni genere di dittatura e "trattamento disumano" ahimè normativizzato dalla legge[4], sono già dentro il corpo – delle Nazioni, della moderna cultura giurisprudenziale e degli uomini ...stanno proprio "alla sorgente"! ma il modo di attivare codesti organici fattori di contenimento ad ogni deriva autoritaria e metterli in moto per sanare sinergicamente tutto l'organismo sociale, non sta in una ulteriore legge "più grande e più perfetta" (entità sovranazionali, eserciti unici, procure internazionali etc), non sta in un "partito più giusto più forte e più onesto", non in un più capillare controllo dei media e relativo "contrattacco" nei "liberi" social network etc. La "soluzione finale" non è neppure una rete di video-sorveglianza globale collegata a satelliti 5G integrati a nanochip personali e database sanitari come contenitori di tutti i nati del mondo a prevenzione di eventuali "attività criminose". L'urgenza antropologica non è controllare se indossi correttamente la mascherina per strada e, dunque, *"salvare la vita ai poveri immunodepressi"* recapitandoti con ogni mezzo possibile la "giusta" multa direttamente a domicilio, peraltro senza più ricorrere a "mediatori" umani ritenuti adesso "troppo umani" quali i poliziotti, costitutivamente "inefficienti" in quanto non-onnipresenti.

La salvezza non verrà da un cyber-system ornato di telecamere e droni ad ogni angolo e, correlativamente, neppure da un vaccino anti-covid19, anti-covid20, 21, 30 50 e 150, perché non è propriamente una *malattia* il problema che cova da eoni al fondo dell'umanità e, in fondo, pure i criminali sono ormai stufi di delinquere... dappertutto nel pianeta tutti vorrebbero solo lavorare nella pace con paghe dignitose!

Gli immigrati?

Non sono affatto felici di abbandonare la loro Grande Madre Africa per raccogliere pomodori h12 a miliardi di kilometri da casa e per i 2 spicci con cui si rendono invisi agli autoctoni che volevano essere impiegati per 3 spicci, derubati tutti di fatto non tanto del lavoro, quanto del *potere contrattuale* necessario ad allineare le paghe alle necessità del consesso locale.

*E il mondo continua a prostrare sia questi che quelli.*

Non pago, prepara grandi cambiamenti perché «problemi globali richiedono soluzioni globali».

L'antidoto per resistere a tutto quanto di orwelliano fiero albeggia sul mondo, oggi non risiede nel braccio armato di un popolo "stufo" e "unito" in una "controrivoluzione" o controinformazione globale, ma deve ormai scaturire da qualcosa di più intimo e vulnerabile proprio di ogni essere umano, eppure infinitamente più potente.

E non stiamo parlando della sua *Razionalità*.

Parleremo di "biopolitica" come tentativo di una forma avanzata di politica, di farsi madre-terminale di tutto il genere umano e, nello specifico, dell'assetto giuridico di tutte le sue Nazioni[5]. Così vasto è il suo nucleo, così innumerevoli i suoi dendriti, robusti gli assoni, tenace l'inchiostro, narcotizzante il nettare, che opporsi con un fucile, una parola o una normativa a tale essere-senza-confini, è mera... ridicola utopia. Osserveremo, in particolare - per tutta onestà - che i primi "biopolitici" o "fantapolitici" sono i tuoi genitori, perché davvero, se occorre, **ti legano alla sedia PER LA TUA "SALUS"** (salute/salvezza), ma puoi accettare più o meno serenamente un tale trattamento "disumano" e "sanitario" soltanto da loro perché, in fondo, esistono solide ragioni "bio-logiche" per essere sicuri del loro AMORE e delle loro *Intenzioni Scevre da Lucro,* mentre ad oggi sarebbe alquanto ridicolo, sciocco, irrazionale o controintuitivo aspettarsi una spirale di puro amore crescente a partire da *parenti → condominio → strade di quartiere → comune → città → regione → nazione → continente → mondo.*

Ed ecco, esattamente per questo motivo – se proprio vogliamo parlare ancora nel Terzo Millennio di "obbedienza[6]", tu devi pura obbedienza ai tuoi genitori – che sovente meritano FIDUCIA INCONDIZIONATA, e proporzionalmente meno alla legge del mondo, il quale raramente nella Storia ha dimostrato di meritare una tale fede.

# Ministero della Verità

*Corpo di norme, consuetudini e persone che sovraintende alla giusta informazione, allo spettacolo, all'istruzione corretta e alle buone arti.*

# IL DIRITTO COGNITIVO

1.1 – Il dogma centrale del *Diritto Cognitivo* sta nell'affermare che "La Verità Oggi Si Sa" "Ciò che è Giusto Ormai lo Sanno Tutti" e che "La Luce del Diritto In Occidente Vince Sempre". "L'America Ci Protegge", e gli Stati euroamericani - fra incursioni hitleriane e trent'ennali esperienze sovietiche - sono ormai troppo abili nel riconoscoscere ed espellere per tempo ogni discriminazione, ogni sotterfugio, ogni abuso di diritto ad opera di forze oscure, poiché i media e le scuole dei paesi più progrediti del mondo - dopo 50 anni di pacifico lavorio altamente culturale perpetrato da mane (nelle scuole) a sera (nella tv, nelle case di tutti gli italiani) - hanno dato il loro più superbo frutto: *una <u>cultura popolare ben conscia dei propri diritti</u>, robusta, eticamente brillante. Imbattibile.*

L'ultima attività di "difesa" della legge spirituale propria di ogni Umanità da aggressioni peregrine, dunque - secondo tale coscienza New Age - si svolgerebbe ormai sostanzialmente fuori dalle aule di Tribunale, non più negli studi d'avvocatura, ma per strada, vis a vis, in famiglia, nelle vive coscienze del mondo.

Fidiamoci, dunque. Le forme-base di ogni civica del diritto sono ormai ampiamente introiettate proprio nella struttura cognitiva di qualunque cittadino moderno!

*Così è, così sia!*

Una tale beatificante certezza è tipica della cultura post-moderna, in particolare europea.

Non per nulla fu proprio qui che gran parte dei rappresentanti parlamentari di codesta **Nuova Cultura Popolare** - pervasi da codesti nuovi dogmi da sogno – negli anni '90-2000 firmarono veri e propri Trattati senza neppure leggerli[7], fidenti nel fatto che *"L'Europa non può non essere buona" "Chi mai oggi vorrebbe togliere diritti civili (al lavoro, ai soldi, ad una instruzione gratuita, alla sanità gratuita, al risparmio etc) a dei poveri uomini?" "Cosa potrebbe mai oggi svuotare gli ordinamenti giuridici del senso di Sacro Rispetto per la Democrazia in essi posto dal Popolo Originario nell'atto fondativo di una Carta Costituzionale?" "Chi vorrebbe o avrebbe mai interesse oggi a demolire l'autorità,* *il prestigio e le capacità di influenza e di controllo di un intero, antico, venerabile Stato Nazionale?".*

["Una base di potere terza e SOVRANAZIONALE?" potrebbe essere la risposta].

E fu così che sull'onda di un *Diritto Cognitivo Maturo* appartenente non più a pochi fogli di carta, ma ad una quantità sterminata di persone, intelligenti e poco intelligenti, colte e poco colte, primi in Europa sorsero tra le braccia adoranti della plebe, sovrastrutture eccellenti, eccezionali, straordinarie, impeccabili: il "SUPERSTATO", e uomini assimilabili a dèi, gli "eurocrati", così eticamente superiori agli omuncoli nazionali impiastricciati di politica local-popolare.

*Senza Costituzione,* tuttavia.

Se se ne fosse redatta una, infatti, anche gli eurocrati avrebbe dovuto in qualche modo muoversi entro le noiose, lente, rigide (e già collaudate) impalcature di *Stato Tradizionale* - pre-discusse secoli or sono da giuristi e politologi di mezzo pianeta - ma la tradizione classica, lo sappiamo, in un mondo così civicamente elevato, è un male da espellere.

*"Nuovo è Meglio"*

Sempre.

Il *Diritto Cognitivo* è un **fattore di produzione** necessario tanto quanto il *Diritto Tradizionale,* poiché mentre quest'ultimo procede in maniera esatta nelle vie notarili del mondo ma potrebbe difettare di capacità di penetrazione nei sostrati vivi della popolazione, il primo *esiste già nella testa delle persone,* o almeno... tutte esse credono fermamente di possederne uno e di applicarlo formidabilmente in ogni istante della loro esistenza...

Non solo. Esso produce l'ultima forma del diritto: quello privo di forma ma pieno di sostanza (come ad esempio gli *"eurogruppi*[8]*"*).

Quell'insensato ed immortale senso della legge che pure nel medioevo camminava fiero fra un postribolo e una taverna, durante la "New Age" si è fatto valore in sé, valore certo e valore produttivo di monumentali castelli normativi! *Basati sulla* <u>*Totale Fiducia*</u> *delle vulgari mentis.*

«*Oggi l'Occidente è troppo colto ed avanzato perchè sottragga a me o ad altri popoli diritti civili così fondamentali come l'acqua, il cibo, l'ospedale*[9]*, il lavoro, la pensione, e persino la casa!!*».

*Oh, almeno tali aspettative non venissero mai tradite!*

*Ma è verosimile credere che, senza leggi ad hoc, lo saranno anche questa volta...*

Nell'epoca della Libertà, l'uomo di Calacibetta può benissimo delegare ad una *Costituzione delle Galassie* nonchè ad un **Parlamento delle Galassie Riunite** l'espressione e la difesa dei suoi diritti di *Uomo di Calacibetta,* perché "ormai" "tutti" conoscono i suoi diritti – fino agli estremi confini dell'universo, e gli offriranno e gli regaleranno i mezzi per estrinsecare tali diritti nella sua realtà materiale locale, "ovviamente".

Il cittadino del mondo, oggi, non ha più bisogno di una collezione di leggi, regole e disposizioni locali che gli facciano da eventuale "ombrello" contro la volontà avversa del Leviatano di turno. Non essendo più necessari – essendosi in quest'epoca di Luce-Pace-Amore qualunque Leviatano occidentale convertito fin nell'embrione al Bene Universale - non solo il diritto comunale sarà subordinato a quello regionale e quello regionale a quello nazionale, ma anche la Costituzione Nazionale sarà subordinata alla Legge Sovranazionale [10], perché "si sa", i Sapienti del Mondo residenti a Bruxelles come a New York rispetteranno certamente **esigenze e diritti dell'*agricoltore di Calacibetta.*** *"Non possono non farlo!" "Li conoscono a menadito! Sono Diritti Umani!".*

Il Diritto Cognitivo è più invasivo della peste bubbonica, perché la peste medievale almeno si trasmetteva attraverso un essere infimo come il topo sul quale l'uomo non aveva alcun controllo, mentre questo si veicola proprio attraverso l'uomo e le sue facoltà cognitivamente superiori, su cui l'uomo ha pieno controllo.

Ciò posto, si pone il carattere assolutamente innovativo delle costruzioni del diritto post-moderno. Il chiavistello più importante, quello che conferisce solidità alle neonate strutture normative sovranazionali ed internazionali – per come sembrano configurarsi in Occidente - non è più una lotta concertata, una rivendicazione spirituale del Popolo Riunito alle "armi", una maturata delegazione di rappresentanti, una *Assemblea Costituente,* una "Sala Ovale", un "Manifesto" pubblico, sintetico ed efficace di una *Nuova Coscienza* che avoca traduzione immediata nell'ordinamento civile, ma qualcosa che si trova ancora in puro stato embrionale nell'anticamera del cervello di tutti gli occidentali, un "germe" che ogni uomo porta financo nel dna: "La Fede", stavolta, però, non in un Dio o in un feticcio naturale, ma in un "tempo": il "Tempo della Luce".

In esso *principia ad incarnarsi il Nuovo Diritto Occidentale*.

Compito de "Gli Esperti" di tale diritto - Operatori accreditati del Ministero della Verità Europea, Continentale ed Intergalattica - è intercettare "l'umore del popolo" - l'Umore di tutti i Popoli e di tutte le Razze - e trasformarlo da aria fritta quale in origine è sempre, in dispositivo normativo "valido e convincente", prima che esso degeneri a danno della sedimentata compagine di governo e d'affari, che diversamente dai friabili Imperi di una volta ne guadagnerà infinatamente più in persistenza e resilienza interna. Tale diritto, tuttavia, manca e continuerà costituivamente a mancare di *Fondamento* legale/spirituale.

Nella New Age infatti gli ordinamenti legislativi non hanno più il cuore e l'anima d'una volta. Esse sono un ornamento come un'altro, e nessuno può e deve darsene pensiero![11]

Certo, noi sappiamo che dietro una COSTITUZIONE NAZIONALE VI E' SEMPRE UNO SPIRITO NAZIONALE, ma... è davvero necessario dare medesima preistoria ad organismi sovranazionali o internazionali, e destituirli di autorità semplicemente perché "vuoti di spirito"? Del resto, per quanto freddo cinico e vuoto, anche il peggiore degli uomini possiede sempre un'anima!

Al "*Diritto Superiore*" internazionale o sovranazionale, gli è sufficiente l'anima insufflatagli dalla tv.

Spassosi format televisivi saranno la Luna che domina le maree del contento o malcontento popolare. Non è onnippotente come il Sole, ma è sufficiente - in mancanza del giorno, a governare la notte.

E' madre tv ad aprire gli occhi ai suoi figli, e a chiuderli prima del riposo notturno. Ne guida i sogni, e pur sparendo sul far del giorno, resta sempre li in sospensione celeste a formare e preparare nelle cognizioni umane le future immagini del *Diritto dei Popoli*.

Il Diritto di Tutti i Popoli e di tutte le Nazioni per sua propria natura non può aderire a Tutti i Popoli e a tutte le Nazioni, perché esse sono molte e non uno; avrebbe però qualche chance di allignare nel globo con l'aiuto della Luna, che malgrado sia commentata da paesi di lingua diversa, resta sempre unica.

*I raggi di Luna rendono l'universo romantico.*

Illuminate da essi alcune e molte Nazioni fanno oggi a gara per <u>cedere sovranità</u> al Salvatore di turno.

Perchè mai infatti uno Stato dovrebbe mantenere un proprio apparato giuridico autonomo e sovrano, in un mondo in cui *"La Verità Oggi Si Sa" "Ciò che è Giusto Ormai lo Sanno Tutti" "La Luce del Diritto In Occidente Vince Sempre" "L'America Ci Protegge"*?

Nella New Age del Diritto (Cognitivo), il processo di svendita delle *Leve del Potere* si accelera incredibilmente, e viene consegnato fieramente a... "enti terzi indipendenti" (indipendenti dai Popoli, dal Processo di Votazione Democratica, in ultima analisi, cioè, da te).

Per una bizzara scelta del destino, tutto ciò è proceduto parallelamente al processo di svendita e/o privatizzazione delle *Aziende di Stato* a "enti privati indipendenti" che in Occidente a partire dagli '90 emerse un po' dapperttutto ma che fu particolarmente "feroce" in Italia con la consegna a gestione privata persino della "banca delle banche" italiane, cioè della BCI[12]. Quale il motivo di questa straordinaria svolta o *"svendita"* (per la controparte d'acquisto: *"vendita in saldo"*) dei migliori asset strategici italiani (ad es. IRI, TIM, BCI etc)?

Il retropensiero che rese possibile "La Svolta" fu approssimativamente il seguente: «*La democrazia in Occidente è divenuta troppo, troppo matura per temere cartelli, trust, complotti o comportamenti truffaldini da parte di mercanti privati! E' venuto il momento della PIENA FIDUCIA! Questa sarà la "Terza Via"*».

*L'oscurità è stata battuta per sempre*
*dalle democrazie occidentali*
*La Golden Age è arrivata*
*Ed è qui!*

Se si genera per "errore" un monopolio, basterà "parlare" per risolverlo.[13]

Ma non si esauriscono certo qui le contraddizioni[14] di questi "nuovi tempi".

La New Age (anni '90 e seguenti) è l'era del trionfo della <u>*tecnica giuridica*</u> a detrimento del <u>*valore giuridico*</u> contenutisticamente dotato in sé e per sé (perseguito ed eventualmente costretto ad inverarsi nella società mediante la supervisione di forze coercitive date). Sebbene il proposito iniziale di questo processo sia stato un ribaltamento di quel fastidioso rapporto che sempre consegnava il povero individuo in mano a crudeli società gestite da tiranni, politici corrotti e pastori-impostori, il risultato ora più evidente è una titanica de-sostanzializzazione e de-valorizzazione dell'intero apparato normativo moderno, che realizza finalmente il sogno di un <u>individuo privato totalmente libero da ogni claustrofobica etica statuale/sociale</u>, ma che di contro espone il **corpo collettivo** alla voracità organizzata o anarchistoide di **individui singoli** eccessivamente dotati dal punto di vista economico/politico, e adesso pure *legalisticamente e cognitivamente inarrestabili* perché "La Verità Oggi Si Sa" "Ciò che è Giusto Ormai lo Sanno Tutti" "La Luce del Diritto In Occidente Vince Sempre". "L'America Ci Protegge" "Non ci Servono più Leggi Draconiane per Affermare il Giusto!".

"Dobbiamo depurare la radice delle Costituzioni di tutto il mondo o, almeno, della Costituzione della Costituzioni[15], da ogni valore – persino cristiano! - perché solo così coglieremo l'amabile frutto di una VOLONTA' UMANA LIBERA!" e perciò praticamente il legislatore moderno non si preoccupa più di erogare *Contenuti Normativi Reali (locali/nazionali)* stringenti in grado di vigilare sull'esistente urbano/rurale raddrizzandolo prontamente se occorre, ma bandisce *Procedure Normative Astratte (sovranazionali/universali)* auspicabilmente ineludibili[16], e presumibilmente nonché orgogliosamente *neutre*[17], che dalla Magna Sorgente[18] posta al centro del giardino globale si dipartono in tutti gli Stati, irrigando tutti i Popoli di Verità Indipendente e saggezza superiore (superiore a te certamente e indipendente da te che – lo sai – sei piccolo, impotente, fazioso e ignorante - ovviamente).

Solo una cosa non fu osservata:

*Libertà e diritti*

*«non sono conquistati per sempre.*

*Sono più fragili di quanto non si pensi»*[19]

Ergo, mai ci sarà alcuno, un ente o una carta che combatterà le battaglie del diritto al posto nostro. Per quanto si impianti sulla terra uno Stato Super, sempre l'orto si capovolgerà in boscaglia e il salvatore di turno nel dittatore di turno, se l'umanità non vigilerà. *Sempre.*

# SCIENZA

1.2 – Trova le differenze all'interno di ognuna delle 3 seguenti coppie di asserzioni:

➜ *«La Roma non si discute, si ama»*
➜ *«La Scienza non si discute, si ama»*

◈ *«La Scienza è certezza»*
◈ *«La Fede è certezza»*

➤ *«Il Papa che parla in ex-cathedra dice la Verità»*
➤ *«Lo scienziato che parla sul "Corriere della Sera" dice la verità»*

In quanto officiante del *Miniver ("Ministero della Verità"),* dovrai sciogliere l'enigma, preferibilmente presto e col tuo solo ingegno!

Ma sappiamo che i labirinti del minotauro sono insidiosi e molte anime si perdettero in essi, sicché porgerò a te qualcosa che ti aiuterà ad uscire da uno dei più grandi inganni di cui i comuni mortali sono preda, e da cui tu, come *Nostro Funzionario,* dovrai essere completamente mondo.

*La migliore giurisdizione è "scientifica"? E' razionale o ragionevole? Vera o verosimile?*

Il filo rosso è: **No – ragionevole – verosimile.**

**Guardati dall'assimilare la scienza a una fede[20], a una Certezza, e la *Assemblea Scientifica Internazionale* a un soglio pontificio!**

Guardati, di conseguenza, dall'inferire alle norme giuridiche lo spirito delle norme scientifiche che è universale, inappellabile, *ontologicamente indiscutibile* solo per quel volgo che non ha studiato a sufficienza la storia della scienza ed il metodo scientifico!

«Molti sembrano supporre che i fatti si portino scritto in faccia il loro significato, e che basti accumularne un numero sufficiente perché l'interpretazione si palesi con immediata evidenza. [...] Una semplice raccolta di fatti non ha mai costretto nessuno ad accettare una particolare teoria circa il loro significato»[21]. Persino la interpretazione di un fatto "primitivo" quale la caduta di una grave, fu per molti secoli oggetto di dibattito scientifico!

Per altrettanti secoli si credette poi alla *Generazione Spontanea* dei batteri e dei germi dallo "sporco", idea tanto elementare quanto romantica che, presso alcune povere menti, poco istruite, sussiste tutt'oggi!

*Te ne sei liberato?*

Sussiste ancora in te l'opinione che *la corretta interpretazione di un fatto si autogeneri dal fatto stesso, cioè dal Nulla?*

Se invece hai ben compreso che la teoria in base alla quale i fatti si configurano in Nuovi o Vecchi Schemi «procede dal metodo, dalla tecnica della ricerca e della valutazione»[22], sei pronto a passare ad una nuova fase della tua evoluzione spirituale, che inizia così:

*Neppure il Diritto si autogenera dal diritto!*

Sicchè se un tale diritto vorrà difendere *davvero* qualche Diritto, dovrà importarlo dall'esterno di se stesso![23]

La *Dark Age* che voleva passare come "belle epoque" prima e *New Age* infine, fece di questo ancestrale anelito – quello di togliere al diritto la sua pretesa di essere Diritto – la sua Sacra Missione: vi è parzialmente riuscita, a giudicare dai risultati visibilmente conseguiti: 2 guerre mondiali, 1 guerra fredda, innumerevoli conflitti armati dispersi in ogni parte del globo per ogni periodo dell'anno e, ora, con la *Nuova Policy Sanitaria Globale* - per tutti coloro che erano rimasti a casa a guardare ogni tragedia possibile da uno schermo televisivo, gli arresti domiciliari per alcuni trimestri ad anni alterni... "PER IL BENE DEL TUTTO", ciò che dovrebbe far comprendere anche ai più tardi di intelletto quanto degno sia di ogni sacrificio questo benefico tutto che ognuno aspetta.

La moderna sfera giuridica, dunque, a fronte dell'innata turbolenza dell'ambiente sociale naturale, generosamente si prodiga a filtrare e controllare i movimenti degli *atomi* del sistema (tramite multe, tasse e divieti, principalmente) ma si autoemancipa dall'obiettivo di **orientare/determinare i flussi macro-economici e cultural-politici collettivi.** Perchè mai? Per "garantire libertà al processo evolutivo in atto".

Restando dunque in mano all'Occidente e a suoi Stati Nazionali uno scettro di canna, un *Diritto Vuoto* – e così *"Perfetto"* per le congregazioni apolidi

- resta tuttavia nella nostra mente di uomini comuni e poco intellettuali, un quesito:

*E la Giustizia, quella vera?*

Abbiamo più sopra accennato come Nostra Madre e Signora Scienza, malgrado le apparenze, non riesca a dotarsi di alcun suo proprio *"Contenuto Scientifico"* senza il medium di una *"Teoria Scientifica"* generata dall'Intelligenza Umana.

Tale "teoria" – cioè l'occhio umano – vede e filtra dal reale i dati, riallocandoli e colorandoli secondo, appunto, la sua propria intelligenza, il suo proprio metodo. Ed ecco, otterremo per questa via una Scienza "democratica", umana, ampiamente ragionata, ragionevole, ma non raziofascista, disumanizzata, totalmente racchiusa nel sogno oscuro della "Ragione" (di chi?). Sarà giusta perché più *verosimile* che freddamente, meccanicamente *vera!*

Una tale Scienza, pur partorendo verità permetterà a quelle verità di crescere, evolversi, parlare tra loro, cambiare vedute, diventare adulte, o morire. Non sarà "rigida", non sarà una fede, e non sarà neppure *neutra come un sasso.*

*Sarà viva!*

Dopo secoli di civile dibattito filosofico, la Scienza felice giunse a tale maturità, in un compromesso che in certo grado accoglie anche l'irrazionalità, la intuizione, la soggettività, perché *"essere umani è bello!".*

Il Diritto, di contro, ha fatto il percorso inverso!

Dalla iniziale pienezza "medievale" con cui operava male volendo fare dappertutto *Il Bene,* pian piano si svuotò, riducendosi a lumicino e lasciando i bei progressi della civiltà, della democrazia, della tecnologia, del tutto soli con se stessi, assolutamente privi di quel "bastone" - La Legge! - che in altri tempi, quando era orgoglioso paladino di se stesso, avrebbe usato coraggiosamente per statuire nel mondo un magnifico giardino!

Nel medioevo infatti mancava la *Odierna Altissima Sensibilità Civica,* ma a tale mancanza la società medievale cercava di sopperire ricorrendo valorosamente a *"La Norma"* - una norma densissima di "spirito" (colma non di "pene" ma di "punizioni" vere e proprie, fiera, libera esecutrice di espropri come di regali agli uomini più "virtuosi" e concessioni ai più "meritevoli" etc) - che, in qualche misura, avocava o doveva avocare direttamente o indirettamente il patrocinio di Dio, il quale perciò delimitava di fatto il raggio d'intervento della antica giurisprudenza bloccando sul nascere alcune depravazioni tipiche dell'essere umano medio, ben conosciute dal legislatore locale.

In Occidente la *Crescita del Diritto* non è proceduta parallela alla *Crescita della Scienza*. O più esattamente, abbiamo assistito ad una **crescita quantitativa** di norme e diritti ma ad una loro **decrescita qualitativa** e ad un affievolimento della loro organica capacità di impatto.

Così, mentre la Scienza parrebbe essersi evoluta ed arricchita - relegando ai libri di storia e agli ignoranti alcune immagini di sé quale *Mummia che quando invocata apre la bocca per comunicare ai celebranti La Verità* - il Diritto Occidentale Moderno parrebbe al contrario essersi involuto, disumanizzandosi, neutralizzandosi.

Ma il tempo passa per tutti, e così non poteva non svilupparsi anche lui, in qualche modo. Decise di "crescere" producendo una quantità esorbitante di articoli, codici e postille nazionali e anche sovranazionali con diritto di precedenza nelle amministrazioni statuali. Trattasi però di norme che potenziano l'efficacia produttiva non già delle *Sensibilità Umane Localmente Emergenti*, bensì dei **Sistemi di Regole di Controllo dellla Libertà degli Esseri Umani Tutti**, munifici, tali sistemi, nell'aspetto, potentissimi in autorità, ma poverissimi nella sostanza, alquanto gracili ed esangui nel Valore.

Certo, come è giusto che la Scienza - per far spazio al "principio della Vita" - si sia alleggerita della sua pretesa di essere qui e oggi *"Definitivamente Vera"* e *"Perfettamente Razionale"*, altrettanto è giusto che il Diritto si sia spogliato della sua arcaica pretesa di *Stabilire la Giustizia Universale sulla Terra*, tuttavia esso NON dovrebbe alienarsi dal suo status ontologico e da quelle pratiche umane che qui e ora lo invocano a virile guida di tutto il processo socio-economico e politico, allorquando la *Democrazia Locale*, così interpellata, così vota.

*E non è tempo, oggi, evidente, di cambiare tutto?*

*Non desiderano forse oggi le masse tutte, un "Grande Reset"? Ma guidato da loro stesse! E non da pochi individui?*

L'obiettivo avanzato da talune squadre apolidi di avvocati esperti in diritto internazionale, di estinguere le Carte Costituzionali al Sacro Fuoco di un Diritto Immenso, Sovranazionale o Universale, Pluricefalo, Superiore ad ogni altro diritto nazionale – declassando le giurisdizioni locali a meri strumenti di perseguimento di una *Pacifica Convivenza Asettica* interna alle masse, è ammissibile e giustificabile e anche encomiabile tanto quanto il proposito di rimuovere dalla Scienza la sua primigenia incoerenza dovuta alla mancanza di un Metodo Unico per tutti (che fu poi quello galileiano), ma *la Scienza non rinunciò mai alla <u>piena indipendenza</u> dei suoi ricercatori* - che è, tale indipendenza, *consustanziale al Metodo!* - e pur costituendo infine molti autorevoli comitati, non ha mai istituito una unica Assemblea Sovrana di Diritto Scientifico che dice a tutti cosa è scientifico e cosa non lo è![24]

Dal feretro di ghiaccio in cui volevano rinchiuderla, dopo qualche secolo Signora Scienza è riuscita ad uscire, recuperando infine la sua umanità e conquistando con ciò un nuovo equilibrio, più ordinato, maestoso.

Perchè "fare la cosa Giusta" stride ancora così tanto alle orecchie degli odierni *Sarti del Diritto?*

# IL LINGUAGGIO

1.3 – *«Non tutte le Costituzioni, solo perché furono approvate ai tempi del Mito (dal Popolo o da una Nicchia del popolo), sono Giuste».*

Affronteremo in un momento successivo questo mistero, per adesso ne tratteremo un altro, indirettamente collegato al primo.

*«Non tutte le Costituzioni adoperano un Comune Linguaggio solo perché possiamo tradurle nella stessa lingua!».*

Ed un linguaggio comune è ciò che prima di ogni altra cosa ci serve per accordarci sul verdetto "tu giusto" e "tu cattivo". Nel nostro caso: "legislazione giusta" o "sbagliata".

In verità in verità noi sappiamo che pur dentro un medesimo contesto linguistico, medesimi termini possono essere **usati** in maniera diversa da diverse nicchie culturali, e ciò non ha attinenza con il *vocabolario comune* che dovrebbe individuare l'errore e correggere tutti!

*Il significato di un termine scende come il sole dalle foglie alle radici del corpo sociale, ma anche le radici producono una linfa che sale alle foglie!*

Pertanto, **il linguaggio adottato da una *Carta Costituzionale* è geneticamente vincolato alla comunità che l'ha storicamente generato**, e fuori da tale cultura e da tale storia esso non possiede affatto il significato che il membro di un'altro popolo e "frequenza vibratoria" tende immediatamente a dargli cliccando sul tasto "translate" di google.

*Non è leggendo/traducendo una Carta Costituzionale diversa dalla tua che ne comprenderai lo Spirito,* ciò che invece potresti fare vivendo per abbastanza anni totalmente immerso in una cultura diversa dalla tua.

Tu, come funzionario dell'universale *Ministero della Verità* che noi presidiamo, potresti di quando in quando ricevere da noi il compito di <u>valutare</u> tra loro diverse Costituzioni, o norme o *apparati* legislativi *organicamente diversi,* ma sfuggi presto alla tentazione di fare un <u>"civile raffronto"</u> con quanto da te conosciuto e già integrato nella tua coscienza... rammenta: alcune cose sono *incommensurabili!*

Studiando gli statuti che si è dato il popolo iraniano, ad esempio, alla lettura di taluni codici ne uscirai completamente sconvolto.

Ancora, non turbarti.

Sai già che **selezionare** è un pò **commentare**, ma se mantieni nella tua testa una lista dei migliori principi di convivenza civile seguiti da quelli peggiori, stai evadendo il compito che noi ti abbiamo affidato: *valutare*, non commentare!

La <u>valutazione</u> procede da criteri pre-selezionati, il <u>commento</u> è invece una valutazione che procede da canoni di giudizio *tuoi.*

Ecco, noi vogliamo – a mò di allenamento alla imparzialità e allo sguardo "superpartes", che adesso tu valuti il diritto union-europeista alla luce del diritto italiano, e viceversa, intorno ad una annosa questione circa il trattamento della proprietà privata entro il quadro costituzionale dato.

Laddove nella UE si concepisce il diritto privato come qualcosa da *difendere strenuamente* dalle "aggressioni" del "Pubblico" – alla moda americana, <u>in Italia il diritto privato non è intoccabile dallo Stato</u>[25], ma viene "concesso" ai privati da uno *Stato che solo lui è Sovrano* – non già l'individuo! - e perciò il legislatore **limita e condiziona** la fruizione dei diritti di proprietà allo *"Spirito della Costituzione"* nonchè alla volontà del giudice che talvolta è chiamato per mandato costituzionale a contemperare il diritto alla "propria proprietà" di un qualsiasi cittadino, con il raggiungimento degli SCOPI SOCIALI racchiusi nella logica costituzionale stessa.

Hai capito la differenza?

Adesso... commenta.

*Quale delle due impostazioni ti pare più civile,
più rispettosa dell'umano medio,
più UMANA?*

La prima giammai conferisce al legislatore il diritto di limitare o ESPROPRIARE (nella "giusta misura") un cittadino affetto da ECCESSO DI RICCHEZZA al fine di colmare la indecenza o la miseria della parte più debole o sfortunata dell'organismo sociale di cui anche il ricco è parte. La girurisprudenza italiana, invece, si preoccupa di prevenire l'acuirsi di conflitti o divari economici troppo ampi tra le classi sociali, la cui apertura è solitamente connaturata alla "libertà" del leone di turno che nella foresta di turno, compra vende requisisce o sequestra proprietà private in senso rigido ed assolutistico, sottraendole alla disponibilità degli animali più deboli della jungla. *«E' la giusta selezione naturale applicata in economia!»* direbbe qualcuno.

Adesso, però, *valuta!*

Gli eurocrati sono la reincarnazione di quei "puritani belgi" che soffrirono la persecuzione seicentesca da parte del potere centrale nei confronti di "privati cittadini" che reclamavano diritti alla "libera espressione" e che dunque furono costretti ad espatriare per sottrarsi all'esproprio forzato dei propri beni. Presero le valigie e poveri e disperati abbandonarono l'Europa colonizzando l'America. Forse oggi non ricordano più il loro passato ma fin da fanciulli studiano la storia dei propri avi, ne hanno avuto compassione, e adesso dopo 4 secoli in qualche recondita fibra del proprio essere ancora riecheggia quel canto nella notte, in marcia ed in fuga da un Governo Tiranno: «Mai più lo Stato soffochi un privato cittadino!». *La loro Costituzione Ideale* **sacralizzerà** *questo principio!* Blindandolo a qualsiasi interpretazione "buonista". Perchè? Perchè il Governo che li costrinse alla emigrazione, si vantava di agire "in Nome del Benessere del Popolo Sovrano!".

Di contro <u>gli italiani non hanno vissuto quel particolare tipo di dramma</u>, ma solo quello di uno *Stato Assente*, giacché la storia *italiana* sussiste solo dal 1861, e prima di questa data... *«ognuno per sé e Dio per tutti»* era la "norma" (la comunità italica era meravigliosamente divisa in tanti staterelli autonomi!).

Gli italiani già da molto tempo prima avrebbero ben gradito una *Autorità Centrale* persino estera purchè in grado di "liberarli" dai "soprusi" delle autorità locali, e pertanto gli statuti italiani successivi recepiscono in qualche maniera questo particolare "dato" storico e lo "sacralizzano", conferendo diritto al *Potere* – che fu poi *Italiano!* – di subordinare i diritti di proprietà dei privati cittadini al suo proprio "in Nome del Benessere del Popolo". Una siffatta Costituzione ebbe dunque organicamente bisogno di rintuzzare i diritti locali del popolo locale... per venire all'essere essa stessa!

Adesso, quindi, commenta!

*Hai notato un cambiamento?*

Ciò dimostra quanto è facile invertire o scombinare la razionalità umana, e quanto è facile redigere Costituzioni così totalmente diverse e, allo stesso tempo, così perfettamente giuste... *entrambe!*

*"Giuste"* perché risposta locale di una storia locale, di una tradizione locale, di un passato locale e non universale né "sovranazionale".

Le Costituzioni nascono e crescono come **adattamento fisiologico** agli impulsi provenienti da una particolare *Popolazione Locale.*

Le Costituzioni non vanno pesate, misurate e valutate in base a un qualche principio logico o etico superiore! Ma in base a un *Principio di Rispetto Storico* ovvero di *Profonda Conoscenza della Storia Locale,* e solo da li guardate e poi eventualmente "corrette".

Se proverai a correggerle, sanarle, disinfettarle dal tuo scranno posto in cima alla Torre di Babele, può darsi che tali propositi di omologazione universale principieranno a dare persino "buon" frutto, grazie alle più sofisticate tecniche di ingegneria sociale, ma... *hai messo il parafulmini?*

*Lo sai che ogni razza, cultura e biodiversità ha ben diritto di esistere, no?*

Peraltro, ogni linguaggio è un organismo antico, complesso, abile ed esperto. E' vivo! Misteriosamente preveggente, anche. E non è affatto detto che la nostra piccola, "irrilevante" *Costituzione Locale* non contenga già nascoste tra le sue populistiche righe, le regali norme di una *Costituzione Mondiale.*

Sappiamo che i moderni discendenti degli antichi puritani belgi – afflitti dal *Male di Chirone*[26] come dal ricordo di uno Stato Sovrano - vogliono escludere totalmente il Pubblico dai giochi degli attori economici privati – che devono essere "sempre liberi" (dallo "Stato Sempre Cattivo" o "Cattivo, Inefficiente e Pigro Per Definizione"), pertanto hanno redatto l'art. 123, 124 e 125 del TFUE, i quali articoli **impediscono agli Stati Firmatari di aiutare**

**la loro stessa economia pubblica**, le imprese pubbliche, la società pubblica governata dal diritto pubblico.

L'argomentazione posta a motivo di questa "crudeltà" o "Auspicabile Glaciale Indifferenza dello Stato rispetto a qualunque Dramma Sociale", è piuttosto logica, ed è la seguente:

*«Il pubblico è la <u>sommatoria dei privati</u>!*
*Aiutando SOLO i privati*
*aiuterai "Il Vero Pubblico"!»*

Lo Stato è infatti prima di ogni altra cosa una sorta di *Persona Giuridica,* e come tale sempre parzialmente indipendente dalla democrazia che lo fonda!

*Lo Stato non sempre rappresenta Il Popolo!*

Tuttavia, si potrebbe obiettare, *non sempre lo Stato non-rappresenta il Popolo!* Insomma, come "persona" autonoma e sovrana, all'indomani della sua nascita/istituzione, nel tempo può decidere se agire male o bene, seguire le indicazioni del Popolo, o allontanarsene!

Il *Trattato Blu* presume che se ne allontani SEMPRE. Il che, sinceramente, ad una rapida occhiata, è un volgare pregiudizio o, altrimento detto, "dogma".

Anteponendo l'assolutezza del diritto privato su quello pubblico, lo Stato non serve l'umanità generale, bensì aiuta SOLTANTO i privati, poichè l'uomo è un <u>ANIMALE SOCIALE che naturalmente si organizza in branchi/gruppi</u> a scopo di autodifesa, ed uno di questi "gruppi" coerenti di vita è il *Parlamento Sovrano*, cioè la democrazia stessa!

Se l'eurocrate ruba al GRUPPO PUBBLICO PER ANTONOMASIA (cioè il Parlamento) il potere di conio/controllo sulla moneta atta a felicitare la popolazione, e lo affida tutto ai privati, lo fa perché crede che "***<u>Il Popolo è fatto solo da Privati</u>***" ma questo è vero e falso *allo stesso tempo!*

*Il Popolo è entrambe le cose!*

*Sia Pubblico che Privato.*

A fronte di una Italia che in onore del pensiero union-eurista si autoamputa di una banca pubblica centrale (ciò che Francia e Germania NON fecero), rispettare veramente e difendere il Popolo italiano *(tutto)* significa affidare il conio e la politica monetaria sia al Pubblico (attraverso Banche Pubbliche) che ai privati (attraverso Banche Private).

*Il Popolo è entrambe le cose!*

*Sia Pubblico che Privato.*

"Pubblico" in forma di uomo-associato. "Privato" in forma di uomo-solo.

Perchè l'uomo, in natura, è entrambe le cose!

Talvolta si difende da solo, ma più frequentemente si difende e più efficacemente costituendo *gruppi, associazioni!*

> *Considerare l'uomo sempre come privato e mai come pubblico... **finanziare l'uomo sempre come privato e MAI come pubblico** (cfr. art. 123, 124, 125 TFUE), corrisponde invero a disarmarlo del suoi migliori scudi rispetto alle voracità singole in libero pascolo nel mondo: la "intelligenza-di-gruppo" e la "unione-che-fa-la-forza".*

Ed il motivo principale per cui l'eurocrazia ha potuto vendere anche alle menti più superbe la sua teoria drammaticamente solipsista dei rapporti socio-economici come profumo soave davanti al Signore, è una semplice assolutizzazione nata nella febbre della Ragione, per la quale **un Popolo è analiticamente composto da Privati**, senza ricordare o percepire, allo stesso tempo, che ogni linguaggio è ingannevole e limitato; esso può contenere tutto e, allo stesso tempo – grazie ad una osservazione ancora straniera, il contrario di tutto!

Non bisogna confidare troppo in esso per pervenire alla *totalità* di senso richiesta da un documento normativo che deve infine risultare efficace più dal punto di vista pragmatico che teoretico.

# IL PASSATO

1.4 – Non pensare che, solo perché vivi **il presente**, comprendi il presente!

Esso è una «*Vicenda Incompiuta*»[27] di cui quindi puoi capire qualcosa, ma non tutto. Di contro **il passato** si è già ampiamente dispiegato nell'esistenza, e perciò da qualche parte è stato già depositato il canone della sua misura... Purtroppo per noi, il luogo in cui tale canone è stato conservato, è la *generazione* *precedente* che l'ha vissuto, e quindi non tu! Estraneo al Passato, cosa puoi fare tu, *Ministro della Parola*, per solcare il baratro e abbracciare il Vero?

Lo studio dell'esperienza storica – giuridica, antropologica, naturale etc- esige innanzitutto un "lavacro" interiore che ti mondi dalle affezioni con cui nasci, cresci e guardi il mondo. *Affezioni culturali.* E' ovvio che, a meno di non *strapparti il cuore dal petto* con le tue stesse mani, ciò è **impossibile**. Tuttavia, mantenere un cuore limpido nel suo castone non sarà per l'analista della ragione del tutto **rovinoso**.

Basterebbe tenere nitidissimi a mente alcuni concetti che a giorni alterni facciano alzare un sufficiente quantitativo di nebbia sulla piatta landa delle nostre vetuste certezze metropolitane.

    1.   *L'esperienza presente rifiuta, esilia e svillaneggia il passato* **automaticamente**.

Anche quando non ve n'è ragione a seguito della scoperta di tal reperto [28] ics e yupsilon, il presente apparirà sempre più nobile e più evoluto dei tempi, appunto, "passati". Questo vale sia per gli zotici che per gli eruditi! E' un atteggiamento *umano* (ma non per questo necessariamente *cattivo)* che, semplicemente, il ricercatore dovrebbe quantomaneo *attenzionare* a dovere, e non dimenticare mai.

Normalmente, ad esempio, intendiamo il mondo medievale come prosecuzione del romano, quello barocco e industriale come prosecuzione del medievale, e quello finale - il fantastico *Mondo Liberale*, l'attuale, come conclusione e trionfo di quello romano, medievale, e moderno.

Insomma, per taluni vivremmo nel *migliore dei mondi possibili* solo perché è "l'ultimo", "il nostro".

Sarebbe allora il caso di ricordare, a mò di sfregio a certe primitive fantasie come alle più recenti norme di sanificazione universale che tanta soddisfazione danno a certe classi politiche, che il mondo medievale era un mondo «*in cui il potere politico, in mezzo a una relativa indifferenza per il diritto, non si occupa (o si occupa scarsamente) di regolare la vita quotidiana dei sudditi e lascia ai privati di autorganizzarsi liberamente*»[29], centrando dunque di fatto l'agognato obiettivo liberalista dell'Età Moderna, sebbene ancora privo di quegli ausilii tecnoscientifici che hanno si reso ricca la civiltà occidentale, ma così povera del più organico dei valori in una società organica: *Il Valore.* «*Un valore – immanente – la natura delle cose, un valore – trascendente – il Dio nomoteta della tradizione canonica, l'uno in assoluta armonia con l'altro secondo i dettami della teologia cristiana, costituiscono un* **ordo,** *un* **ordo juris**»[30].

1. *Ciò che è moderno veramente, non sempre è in grado di ammodernare veramente.*

Anche se non ne hai cognizione, l'incandescenza dei fatti economici e sociali emergenti può essere tale da spingere molti a nascondere alcune verità sotto il tappeto.

Quando a seguito di una rivoluzione tecnologica o spirituale *potrebbe aprirsi* l'abisso sotto i piedi di una società intera, i "responsabili" dell'andamento complessivo delle cose si sentono in qualche modo costretti o in diritto di fare un passo indietro, ponendo tutto ciò che è stato scoperto in una nicchia ove esso potrà continuare ad esistere, ma **nascosto o depotenziato** abbastanza da non ammodernare *veramente* lo status quo. In questo caso "Il Moderno" che ha ammantato di *Nuove Parole* ogni cosa, non ha in fine ammodernato nulla, e tu hai il dovere di capire quanta parte della storia che vivi è *autentico* – reale frutto dei progressi del mondo e della società civile, e quanto di esso è frutto di un umano compromesso, allestito da importanti forze politico-sociali più avvezze al teatro e alla finzione che alla verità.

1. *La storia che rende continuo l'unicum spazio-tempo, non sempre rende un continuum le epoche in successione dopo l'altra.*

Spesso pensi che "da una cosa nasce un'altra", e questo è vero. Ma quando parliamo di culture, sistemi sociali e modelli giuridici susseguenti, queste cose *non sempre si enucleano* le une dalle altre.

Nella ciclicità continua dell'universo possono affiorare elementi improvvisi, caotici, irregolari, che spezzano le disposizioni e gli ordini pre-stabiliti, rendendo l'ordito finale discontinuo, interrotto, "bucato" in qualche meraviglioso punto, a partire dal quale la tessitura comincia a svolgersi seguendo uno schema totalmente altro, misterioso.

Ciò significa che NON SEMPRE POTRAI USARE LE CATEGORIE PERCETTIVE CHE HAI CONOSCIUTO IN UN'EPOCA, PER

LEGGERE/INTERPRETARE CORRETTAMENTE L'EPOCA SUCCESSIVA/PRECEDENTE!

Esse sono come *arazzi differenti in differenti stanze del castello.*

L'unico modo per capire davvero "il vecchio" o "il nuovo" sarebbe trapiantarti con tutte le radici e la chioma nel vecchio o nuovo terreno, ciò che tu non potrai mai fare, se non forse leggendo un libro che parla di medioevo, ad esempio, ma meglio leggendone 100 che parlano di medioevo, frequentando medievisti, musei e feste medievali; allora qualcosa di valido intorno quella ***Epoca Diversa da Te*** potrebbe cominciare a spirare in te, infine.

Come in un organo ormai morto non puoi più rilevare le Leggi della Vita in azione, così in un passato ormai passato non potrai rintracciare una singola regola vivente che ti possa aiutare a prevedere le svolte della storia. Tuttavia, similmente al patologo che fruga nei corpi alla ricerca della causa del decesso, e sistematicamente la trova, chi studia con perizia il passato, nonostante le connaturate discontinuità, può se non prevedere, almeno vedere un orientamento che coinvolga il presente e fondi più sicuro l'avvenire.

# Ministero della Pace

*Corpo di norme, consuetudini e persone che enuncia, classifica e certifica le giuste condizioni per fare la guerra.*

## *LA MISERIA E LA PAURA*

2.1 – Quando scoppia una guerra, siamo tutti molto *tristi.*

Quando però scoppia proprio sopra il nostro capo, pirotecnici fuochi di fosforo bianco dal cielo potrebbero ricadere dolcemente sulla popolazione locale, bruciandone le carni *fino all'osso.* Diventano allora tutti molto *addolo-irati.*

La popolazione civile si fa non più melanconica, chiaccherona, partigiana, ma **reattiva**. Immediatamente, funestamente, coraggiosamente.

Gli intenti di liberazione diventano chiari, cristallini, "solari", come strade d'oro si allargano nelle anime, risvegliate. Gli anfratti più bui e sporchi della città, acquistano luce sovrannaturale che ne trasfigura le mura in regge di principi e re, come la grotta di Betlemme alla nascita del messia.

*Ne sei consapevole?*

Dopo l'annuncio del Vero – ultimo e definitivo come *Un Fatto,* la narrazione del potere non può più addormentare i fanciulli come prima, ma ha le ore contate poiché la miseria, la privazione, la guerra, la sconfitta economica, l'empio e l'errore sono proprio lì sotto gli occhi di tutti, e non c'è più propaganda himmleriana che possa aver gioco facile nel generare colti fraintendimenti.

Avevi immiserito le masse – al fine di renderle più sensibili alle paure, più umilmente soggette alla tua patria potestà.

*«Noi ci rendiamo conto che ciò che ci attendiamo da voi è sovrumano, di essere sovrumanamente inumani»*[31] ma questa *«è una pagina di gloria che non era mai stata scritta nella nostra storia e che mai più lo sarà»*[32].

Poi dunque _sparasti sulle masse_[33] al fine di educarle meglio e "salvarle da se stesse" ed adesso chiedi a me consiglio perché vuoi contenere la rinascita delle stelle, l'emersione di nuovi antichi vulcani addormentati – il risentimento popolare, un referendum ostile, una democrazia a te totalmentennemica?

Mi spiace darti sconforto, ma a questo punto[34] _non potrai mantenere il potere che generando ulteriore violenza... in una escalation sempre più paurosa!_

Poichè **sangue chiama altro sangue**.

Ecco dunque il rosso rubicone che tu, caro nostro ministrante della pace, dovrai guardarti bene dall'oltrepassare, ed entro il quale dovrai trattenere tutti i tuoi più battaglieri alleati, perché esso segna la differenza tra la _Dittatura delle dittature_ o "_La Dittatura Perfetta_" - che è una _Dittatura Psicologica_ – ed una dittatura di scarsa qualità, volgare, antiquata, fatta di armi ed armi chimiche.

Ti offro quindi in questa sezione poche carte ma di grande potere che tu potrai giocare per conservare quanto più e meglio possibile l'autorità politica che Dio ti ha dato su questo mondo.

La **norma** e la **proibizione** saranno si validi strumenti per piegare le masse ai tuoi voleri, ma non superare mai l'anzidetto "rubicone"!

Se proprio ne sei costretto onde conseguire i tuoi saggi propositi, non temere affatto di giocare sulla _Paura delle paure_ delle comuni genti, che è quella di perdere la vita!

O la libertà.

O la pace economica.

Con una lacrima in un occhio dovrai dunque paventare a prezzo della loro sgradevole disobbedienza, o la **prigione**, o una poderosa serie di **multe**, o la perdita se non di tutta almeno di qualche porzione della loro inestimabile **salute** personale.

Probabilmente qualche presuntuoso capo di bestiame alla scuola di Gandhi [35], Giordano Bruno, Galilei e financo Anna Frank, si opporrà alla direzione che tu vuoi imprimere al gregge tutto; parla loro allora della _salute come un diritto. Ma soprattutto... come il primo dei diritti umani!_

> «_Il **Diritto alla Salute** è superiore al_
> **Diritto alla Libertà!**
> _Che ve ne fate della libertà,_
> _se non avrete la salute per gioirne!?_»

Stà pure certo che a queste dotte parole molte pecore si riallineeranno e andranno docilmente ove tu vorrai condurle, che ovviamente è quel luogo ove le carni loro volgeranno a nutrimento di tanti di noi.

Ora noi uomini superiori sappiamo benissimo che libertà e diritti *«non sono barattabili con nulla»*[36], neppure col balsamico "diritto alla salute" perché "meglio un giorno da leoni che 100 da pecora!" ...esistono *«storie di tanti combattenti per la libertà che sono stati torturati e uccisi»*[37] per i loro/nostri ideali, e dobbiamo *«capire fino in fondo il senso del loro sacrificio»*[38] e *«comprendere che, senza il loro coraggio, oggi non avremmo le libertà e diritti di cui godiamo»* [39].

Ma vedi, questi discorsi suoneranno fin troppo audaci o "utopistici" per tanti alle prese con troppe bollette da pagare, figli, comfort o molle abitudini da mantenere, quindi stai pur certo che il "diritto alla salute" sarà il grido di battaglia che migliore di ogni altro trascinerà nell'immoto pantano della pavidità tutti.

Le pecore, inoltre, sentono prima *chi fa la voce grossa.*
Non temere, ancora, di seminare il panico, dire bugie, gridare allo scandalo... pure dove non c'è!
A te autocrate non serve un *vero contenuto* da proporre alle masse – non sei un intellettuale! A volte ti serve soltanto **alzare il tono della voce.**
Vedrai che molte di esse capiranno chi è il più forte e sapranno da che parte stare.
*Lascia libera la minoranza di confabulare con la minoranza.*
*Ma mordila non appena prova a diventare maggioranza.*[40]
Castra, vieta, punisci e censura con fare sicuro le voci avversarie – giornalisti e uomini non allineati.[41] E non farti impressionare più di tanto dalle proteste delle associazioni di categoria! Stiamo infatti presumendo che tu il rubicone disgraziatamente l'hai ormai valicato, e allora a mali estremi...

La paurosa selva di parole, emozioni ed ammonizioni che tu seminerai in abbondanza per mezzo dei tuoi agnelli sacrificali, darà una messe abbondante, che è una compressione *organica* della libertà del popolo.

Voglio illustrarti più da vicino la procedura.

Normalmente si dice: «*la tua libertà finisce dove inizia la mia!*», ma la mia libertà può finire altrettanto bene dove inizia la tua paura!

*Lo comprendi?*

Più semini paure di ogni specie in tutti gli strati della popolazione (ad es. di perdere la salute, il lavoro, la casa, la libertà...), più <u>ogni singolo elemento della popolazione comprimerà in tua vece le libertà dell'altro</u>!

Ciò distingue una dittatura "organica" da una dittatura "inorganica".[42]

L'uomo saggio capisce subito che le sue libertà non possono certo terminare dove iniziano le molteplici ipocondrie o debolezze del suo prossimo, ma ecco, quanti saggi resteranno sani di mente all'indomani di una moderna, propulsiva campagna mediatica?

Ben pochi.

Quel «*la tua libertà finisce dove inizia la mia!*» **NON verrà collegato** a «*la mia libertà non finisce dove inizia la tua paura!*», ed inizierà allora la <u>guerra del popolo contro il popolo</u> stesso!

Risultato? Un popolo di delatori, perciò più attento, guardingo, morigerato, autocontrollato, autocensurato, calmo.

La paura e il reciproco sospetto, perciò, come eccipiente[43] della pace.


# LA MISERICORDIA
# E IL SACRIFICIO

2.1 – Non sarà sfuggito ai più saggi, che all'indomani dell'11 Settembre 2001 la guerra non è più sfondo o limite, bensì origine e forma della contemporanea politica internazionale.

Per molti secoli si parlò di "guerra" e di "male" come "peccati", ma nella New Age questo lessico và certamente rivisto, *ontologicamente rivisitato*.

Ne parleremo allora come "triste, amara necessità dei nostri duri, infelici tempi moderni" o, in termini meno prosaici, parleremo della guerra come *"esigenza strutturale"* di una umanità 2.0.

Oh nostro illustre impiegato, bada sempre ai sensi che le tue parole ispirano ai consessi in cui noi ti poniamo come adorabile coltivatore della pace universale!

Siano esse «parole alate»[44]!

### *"Il mio onore è la mia lealtà"*[45]

Tu sai bene che il terrorismo è purtroppo una piaga insanabile – così cattivo e profondamente crudele è *l'Uomo Naturale...* sempre ed in ogni luogo! - non lesinare dunque sforzi nel presentare in modo diretto o indiretto ai commensali la **guerra come carattere costitutivo della modernità**, della *Umana Specie* prima, e infine pur'anche come aspetto serio ed operativo della *Giustizia Globale*.

Non ti vergognare mica ad assumere toni persino messianici!

*«Misericordia e Verità si incontreranno,*
*Giustizia e Pace si baceranno»*
salmo 85, 11

Il peggior modo infatti di servire l'idea di Uomo e di Vita che in uno slancio di misericordia noi saggi propiniamo agli incolti, ai rozzi, a tutti i non-illuminati (o non-allineati), è rinunciare a priori a sviluppare una paccottiglia spirituale *nostra propria*, una sorta di new age anticristiana o, meglio, pseudocristiana, incentrata ovviamente sul primato della RELIGIOSITA' CIVILE, che dovrebbe infervorare le "anime libere" e conferire agli uomini *e solo agli uomini*[46] il perseguimento/ottenimento della *Pace Globale*.

Naturalmente, gli uomini più idonei a realizzare ciò, saremo noi - e anche tu nella misura in cui tu coopererai con noi, sicché anche tu sarai dove arriveremo noi!

Noi abbiamo già fatto – e da secoli – un lavoro poderoso sulla scena del mondo, ma ancora oggi è frequente incontrare delle difficoltà, giacché *la bestialità dell'animale umano è insita nell'uomo stesso*, esso si oppone, suda e non capisce, è un bruto, e in tutto questo la nostra colpa, la tua colpa: «i rapporti dei vari gruppi di lavoro o le relazioni di singoli individui spesso non riescono a raggiungere quella necessaria diffusione che, dalle riunioni degli specialisti o dalle Organizzazioni specializzate, porti il loro contenuto a conoscenza anche dell'opinione pubblica generale »[47] da *formare adeguatamente*.

*Lo stai già facendo?*

I nostri diritti «non sono un dono della natura, ma una conquista permanente, una **battaglia** *senza fine* contro un ritorno alla condizione animale, una sorta di creazione attiva e quotidiana, una *ribellione che dà alla vita il suo senso»*[48].

*Comprendi profondamente le parole di Hamburger?*

Perciò non demordere!

Combatti con noi, predica, nutri e contagia!

Sacrificati, come una mucca ogni giorno eleva le sue carni all'altare del BENE PIU' GRANDE. *Non ne hai goduto anche tu?*

*Non guardare mai al Locale, contempla semmai l'Universale-nel-Locale.*

Nel 1994 le sorti del tribunale penale internazionale per l'ex-jugoslavia «erano assai insicure, e molti chiedevano perché ci si affaticasse tanto per far decollare quell'organismo ancora privo di tutta la strumentazione necessaria per essere operativo».[49]

Una mentalità comune avrebbe abbandonato il progetto, ma non è la dote della pusillanimità che è richiesta ai funzionari del Minipax![50] Nel 1994 nell'area geografica suddetta vi erano interessi ben più alti in gioco, molti esseri, dunque, nell'umile nascondimento perseverarono nel disegno generale ed oggi, dopo 30 anni di lavorio insistente, apparentemente invisibile, l'AJA è una realtà giuridica solida, riconosciuta, temuta.

Sii temerario!

Porta la pace, aspira alla pace, estinguiti come un astro di fuoco nella gola delle tenebre, invocando persino la **guerra totale** se servirà ad ottenere la **pace globale**!

Il leone in fuga dalla foresta in fiamme, vedendo un colibrì volare in senso contrario con una goccia d'acqua sul becco, rimproverò al colibrì: *«come pensi di spegnere l'incendio con una sola goccia?»,* ma il colibrì rispose: *«**io faccio la mia parte!**».*

# IL CIBO E LA VITA

2.3 – Il controllo della vita, cui tu amico dittatore senz'altro aspiri, non può non passare attraverso il controllo del cibo (e dell'acqua[51]).

Infatti spargere con nochalance sulla popolazione la paura della **morte**, della **prigione** e della **multa** - che così tante soddisfazioni possono dare al nostro operato, non produce invero risultati tanto costanti e capillari quanto una presa diretta su ciò che tutti gli umani tutti i giorni sono costretti ad introdurre dall'ambiente esterno: a) il fiato, e b) il nutrimento.

*La* **carestia** *globale può risultare politicamente persuasiva quanto una* **malattia** *(respiratoria) globale.*

E, alla scuola di Keynes, sappiamo che chi tende a un fine, deve lavorare alacremente per acquisirne i mezzi e raggiungere quel fine.

> *«Gli organismi modificati tramite ingegneria genetica e prodotti derivati sono prodotti attraverso tecniche in cui il materiale genetico è stato alterato in modo da non prodursi naturalmente tramite accoppiamento e/o ricombinazione naturale».*[52]

Normativizzato questo, il più è fatto.[53]

Benintesi, come al solito il dibattito scientifico viene animato da risposte contrastanti di cui solo una è la più adeguata, ma di cui solo quella col miglior *piano marketing* stapperà lo champagne.

Così da una parte vediamo il *Vertice Mondiale dell'Alimentazione* dichiarare a Roma nel 1996: *«la produzione mondiale agricola è* **sufficiente** *per fronteggiare sia la crescita della popolazione che quella della domanda di alimenti»*[54]. E dall'altro sentiamo la FAO dichiarare nel 1998:

> *«[...] Lo sviluppo di applicazioni a basso costo sarà un elemento importante nell'aumento della produzione di alimenti nella stabilità economica dei poveri delle aree rurali. La biotecnologia offre potenziali soluzioni a molti problemi riguardanti i raccolti e il bestiame»*[55].

Adesso, dato il primo rapporto è evidente che le strategie di risoluzione dei **problemi sussistenziali GLOBALI** possono essere meramente REDISTRIBUTIVE[56] ma poiché ciò implicherebbe una RISTRUTTURAZIONE DELLA FISIOLOGIA DI TUTTO IL CORPO MONDIALE, è evidentemente più comodo credere al secondo rapporto, conferendo alle sempre onnipresenti e sempre pietosissime aspirazione alla pace, all'amore e alla prosperità universale, risvolti semplicemente *biotecnologici,* o, più accuratamente interpretati, di <u>manipolazione genetica delle sementi e/o del bestiame</u> e dell'ecosistema loro adiacente, onde "sfamare il mondo".

Ma, come sempre, affinché tali innovativi strumenti possano essere adoperati in tutta tranquillità, devono non solo esistere, ma conquistarsi il *<u>diritto di esistere,</u>* dobbiamo cioè dotare loro di un primo, <u>indispensabile prerequisito</u>: la "*legittimità giuridica*".

*Non temere la populistica incomprensione per i tuoi eroici propositi*[57], *ma lavora alacramente e con fiducia secondo i piani da noi intelligentemente redatti e ne vedrai presto i risultati!*

Ricorda quando i **vaccini a mRNA** erano strenuamente proibiti dalla colta legislazione internazionale e ferocemente avversi persino da quella eurounionista, e ricorda come tali divieti fondati sul sempre naturale e sempre fastidioso *Buon Senso,* siano stati abbattuti in ***pochi mesi soltanto*** a seguito di una "malattia per la quale non vi è cura"!

Rammenta quegli antichi e gloriosi giorni di nuove e straordinarie convergenze di grandi ammassi statuali – fino a pochi anni prima acerrimi nemici! Quanta sorpresa per le generazioni coeve!

Tali improvvisi smottamenti non derivarono «da una conversione morale, dal trapasso da una posizione di ostinata immoralità ad una posizione di sensibilità verso ciò che è giusto, bensì da una consapevolezza assai più profonda delle conseguenze effettive di una guerra»[58].

Ottanta e 100 anni fa fu niente poco di meno che una **guerra mondiale** <u>l'argomento più convincente di tutti</u> per transitare collettivamente e concordemente verso *"La Pace",* oltrepassando la *Linea del Diritto* pre-calcificato se occorre. Come non ricordare, allora – e come non citare, in appaiamento al prode Dewey – le parole di una delle menti più eminenti dei nostri tempi[59], quella del reale Monti, la cui cappa dorata guidò l'Italia dal 2011 al 2013:

> «E' chiaro che il potere politico, ma anche il senso di appartenenza dei cittadini a una collettività, possono essere pronti a queste **cessioni di sovranità** solo quando il costo politico e psicologico del non farle diventa superiore al costo del farle perché c'è una crisi in atto, visibile, conclamata»[60]. E conclude il senatore a vita: ***«Abbiamo bisogno delle crisi per fare passi avanti»***[61].

# SINENTROPIA

2.4 – Giunge sempre il tempo proprio del ciclo vitale di un corpo sociale, in cui non questo o quell'aspetto "disfunziona", bensì tutto il sistema disfunziona: le contraddizioni interne allargandosi lentamente nel tempo, sono infine giunte ad un altissimo grado di **instabilità** o, da un altro punto di vista, di **maturità**. [62]

E' arrivato, nel giorno del Potere, il giorno di accettare l'entrata in scena di un Potere più grande!

Quest'ingresso potrebbe essere *naturale*.

Di una *Legge Naturale*.

Ebbene, quella dell'entropia.

Ma cominciamo dall'inizio.

Cosa sono stati i <u>totalitarismi novecenteschi</u> (prima e seconda guerra mondiale) rispetto alle matrici sociali in cui germogliarono?

a) Un **incidente**, o... b) l'**esito *naturale*** della storia e dell'organizzazione della società "civile" del tempo?

Potremmo ritenere che "l'incidente afferisce sempre l'accidente", giammai la totalità, appunto perché trattasi di "incidente".

Accettiamo dunque il fatto che il disastroso epilogo di una prima e seconda guerra mondiale fosse in entrambi i casi racchiuso in un seme non casuale, esito naturale di una logica umana che del tutto naturalmente produsse, una volta radicata, ciò che produsse.

Potremmo disquisire su quale campo questo seme fu originariamente gettato: *nel "Politico", nel "Religioso", ne "L'Economico" o nel "Militare"?*

Ma benchè il sistema dei 4 poteri (appunto politico, religioso, economico, militare) conceda ampia indipendenza ad ognuna delle sue propaggini, esso è invero una ARTICOLAZIONE DELLA VITA[63], ciò per cui non conta mai davvero precisamente dove e per quale motivo un seme del male è stato interrato per germinare e appestare tutta la coltura.[64]

Non ci serve trovare *La Causa Analitica* di ogni dittatura!

Non ne ha *una!*

Possiamo individuare essa, forse, molto genericamente, come incarnita nel sistema stesso[65] o nel *"Meccanismo Immunitario"*[66] proprio non più di un singolare organismo biologico, ma dello Stato e più in generale di ogni società/politica come *"forma di vita"*.

Ogni gruppo umano è infatti coeso da pensieri *comuni* che quando diventano troppo "tristi", portano **reazioni fisiologiche**.

La "vita" in pericolo diventa allora attiva - "violenta", o straordinariamente passiva, pronta a subire persino gravi forme di violenza fisica purché in grado di rimuovere o lenire il profondo disagio in cui il corpo si trova; in ogni caso non si avrà mai un "singolo arto" o una "singola cellula" (outsider, civili disobbedienti, terroristi?) che reagisce al sistema: malgrado l'apparente divisione o differenziazione di classi ed intelligenze, dinanzi all'evidenza di un pericolo imminente sempre reagirà *tutto* il sistema, come un organismo vivo, appunto.

Per fare cosa?

Difendersi.

Immunizzarsi. Di conseguenza, gli edifici giuridici pre-esistenti si riorganizzeranno effettuando lentamente o velocemente il transito dalla lenta e farraginosa teoria della sovranità democratico-parlamentare, alle categorie logiche della biopolitica.

La **biopolitica** – la politica eseguita *"In Nome della Vita"* - è per definizione talmente eccessiva che non è propriamente corretto additarla come la "maschera" con cui un Potere furbo o cattivo per interesse o per diletto invade le libertà civili con la sua scusa di difendere la popolazione dalle aggressioni esterne (culturali, politiche, economiche, sanitarie), possiamo guardarla invece come la **estrema ratio** – logica, naturale, "biologica" - di uno Stato, di un insieme di Stati o di un molteplice corpo di aziende che si avvertono in pericolo di vita, come prossimi all'estinzione...[67]


*A mali estremi...*

Quelle che un tempo erano "eterocostrizioni" placidamente accettate da una società rassegnata a costipate fome di solidarietà civile, si evolvono in tutta fretta in "autocostrizioni" simili a voti intimi, religiosi così necessari al "Salvatore" di turno.

*«Uno dei principali argomenti di Eichmann, al processo, fu appunto che nessuna voce si era levata dall'esterno a svegliare la sua coscienza»*[68], e malgrado l'accusa fece di tutto per dimostrare che era vero il contrario, la tesi eichmanniana non è poi così insussistente.

- *"La Salvezza è frutto del Silenzio, dell'Obbedienza, del Sacrificio"* (S.O.S) - è parola così frequentemente sospesa tra i corridoi di un convento!

- *"Siamo uno, e soltanto uniti vinceremo questa battaglia!"* non può non ripetersi ogni bravo soldato-cittadino!

Pertanto ai tempi dell'apocalisse e dell'auspicato ritorno del Messia, l'unico modo veramente efficace per continuare a vivere decentemente, tranquillamente in società, senza farsi fagocitare dalla frenesia di branco e da folli, efferate, liturgiche logiche di immunizzazione biopolitica, è sparire completamente dalla faccia della terra (o di quelle nazioni colpite dal morbo), portandosi agli angoli del mondo in riparata attesa di Nuovi Tempi... che sicuramente verranno!

Infatti, come il corpo invecchia, naturalmente, anche un corpo politico invecchia, naturalmente, *qualunque esso sia.*

Si chiama "entropia" quella legge della termodinamica che "distrugge" ogni sistema di vita complesso, poiché niente poco di meno che un ente trasparente come *Il Tempo* ne "arricchisce" le parti di "energia", gradualmente, ineluttabilmente, alimentando la instabilità o "disordine interno" del sistema, che infine collassa o manterrà l'ordine primigenio soltanto a prezzo di un INFINITO SFORZO ovvero, in ambito politico, di una SPIETATA TIRANNIDE.

*E' giustizia entropica quella che al fin di di vita anche alla stella più larga e sfarzosa, comanda di rimpicciolirsi o esplodere!*

Tuttavia, ad una conquista da parte dei rigori entropici sul sistema locale, corrisponde una spinta verso la sintropia del sistema più ampio nel quale quello più piccolo è contenuto.

Se il senso dell'entropia è "dividere il potere", quello della sintropia è ricongiungerlo, sicché l'organismo ormai invecchiato o morto si ricostituisce infine in forma nuova, successiva a quella distrutta dai naturali processi entropici, ma più in armonia col "resto" o "l'oltre".

Un sistema G.E.P (giuridico-economico-politico), come tutti i sistemi, in fondo, è un sistema sin-entropico, cioè orientato alla entropia ad un certo livello, e alla sintropia, contemporaneamente, ad un livello superiore, a cicli alterni. Sebbene non immune alla volontà degli uomini riuniti insieme di dirigerne le sorti verso una determinata direzione, esso volgerà unilateralmente al destino comune a tutti gli enti naturali.

La Pace, quindi, della Morte o della Vita, è esito naturale di qualunque sistema di vita e di potere, e di qualunque biopolitica.

# Ministero dell'Amore

*Corpo di norme, consuetudini e persone teso a salvaguardare l'ordine e l'armonia propri delle relazioni umane di una società positiva.*

## LA FRENESIA

3.1 – Come il capitalismo di Marx, anche il giusnaturalismo[69] esibisce una tanto potente quanto insana «frenesia» d'amore.

Vorrebbe abbracciare con tutto se stesso tutte le cose, tutte le persone, tutte le situazioni, sanandole, normandole, "disinfettandole". E "guai" se non ci riesce! Un "crimine" contro l'umanità!

Perchè esso è Buono, Giusto con la g maiuscola.

Esso è quindi un <u>Nemico dell'Umanità</u>, giacché, ovviamente...

> *...Chi sei tu per definire una volta per tutte*
> *cosa è "Naturale" e cosa non lo è?*
> *Sei un Dio?*

Ma il fatto che abbiamo riconosciuto questa **Sindrome di Onnipotenza Normativa** come primo capitolo del libro *"Piccoli Dittatori crescono",* non significa perorare la causa di una *Battaglia Permanente* contro tali divinità mascherate, giacchè il 95% degli uomini "funziona" proprio così!

> *"Non sono Dio,*
> *ma ciò che è giusto è giusto!"*

*E forse hanno pure ragione!*

Osserveremo allora che dietro quella naturale, comune frenesia "d'amore" di sancire universalmente ciò che è giusto e ciò che è sbagliato per tutto e per tutti, si nascondono altre due lotte o "ricerche", meno evidenti ma più profonde.

La principale tensione che interessa il genere umano, è quella fra Amore e Odio, seguita da quella "Produttivo/Improduttivo". Saldare a queste la terza: Giusto/Sbagliato, significa confondere e depotenziare le prime due, che risolte darebbero già di per se stesse un *buon gradiente di Pace Mondiale.*

Qualcuno potrebbe obiettare che se "un altro mondo è possibile", non possiamo accontentarci di un mondo in cui *"nessuno sappia o dica o si spaventi a dire cosa è giusto e sbagliato"*, tuttavia non è propriamente a questo punto che una Umanità Adulta giunge: quando per un momento RINUNCI O SOSPENDI LE TUE CATEGORIE DI GIUSTO/SBAGLIATO, allevii lo scontro "meccanico" tra popoli e culture diverse. Porta e **dichiara pure _in Patria come in Famiglia_** la **Tua Verità**, congela essa pure in un <u>DIRITTO LOCALE</u>, molto locale (geograficamente limitato). Sarà un bene, poichè in quel loco eserciterai il tuo umano diritto di sentirti a casa, protetto, *totalmente rappresentato*. Ma spogliati virilmente di tali vesti e accetta di farti guidare dall'amore come dal pragmatico **criterio di utilità/inutilità** – e non da quello di giusto/sbagliato! - quando esci fuori dal portone di casa ed incontrare popoli e culture diverse, meditando nel segreto di sanificare[70] il mondo!

# LA LIBERTA'

3.2 – *Non c'è vero amore senza vera libertà*, e questo, un vero ministro, lo sa, ma anche lo dimentica a cicli alterni.

Sappiamo che <u>il **bene del tutto** non può mai realizzarsi facendo il **male delle parti**</u>, ma a fronte di un uomo naturale che è stolto, impreparato, cavernicolo, è possibile mettere da parte certe indiscusse antiche verità teoretiche e predisporre per lui adeguati trattamenti sociali obbligatori.

Per fare cosa?

Per realizzare l'<u>Amore Celeste</u>, nel senso di non-terreno, non-umano, ovviamente.

Lo strumento minimo e di comprensione più immediata per riuscire in tale impresa, è "il contratto" o "la contrattualizzazione", il cui esito ultimo potrebbe essere così ben riassunto: la *«scomparsa del soggetto»*[71] o, in senso biosociologico e più prolisso: la *immunizzazione del sistema rispetto ai pericoli scaturiti dalla libertà incalcolabile di qualunque soggettività.*

<u>*Contrattualizzando il lavoro, tu adagi sul busto degli esseri umani briglie d'argento,*</u> serri il cavallo e tratti gli uomini alla stregua di bestiame, perché logicamente nel lavoro l'essere umano trascorre gran parte della sua giornata concreta.

«Per la prima volta nella storia si pensa che la propria attività lavorativa possa costituire l'oggetto di contratto di scambio. [...] *La vita diventa oggetto di rapporti di mercato»*[72], dal momento che la cultura occidentale, avvezza da lungo tempo a separare l'anima dal corpo, ha separato pure l'economico dall'umano, come se le due sfere possano davvero sussistere indipendenti l'una dall'altra.

*"Con il contratto ti dò il mio corpo, ma giammai ti darò la mia libertà, la mia anima!"* pensa il povero lavoratore, convergendo infine verso quella finzione teatrale per la quale tu "liberamente" ti consegni a un datore di lavoro in uno schema più o meno rigido di attività quotidiane prestabilite, mentre tu, in tutto questo, tieni stretta a te ogni giorno sul cuore come una medaglia la

rincuorante convinzione di conservare la tua libertà di <u>*Nobile Essere Umano*</u> e, correlativamente - soprattutto se la paga è buona, di vivere nella *Civiltà più Avanzata del Mondo*.

Sarà vero... com'è vero che una cellula eucariota è certamente più avanzata di una procariota! Ma la pianta, l'animale e l'uomo sono ben altra cosa!

Certamente un *Diritto Moderno* non potrebbe mai ammettere a se stesso così placidamente e dinanzi ad altri mondi, civiltà e pianeti, di aver partorito e ratificato con simile no-chalance una tale **barbarie!** Gli serve allora valido "scudo penale": il *"Libero Contratto*[73]*"*, appunto, che è uno stridente ossimoro, tuttavia necessario come uno **sposasilizio medievale** il quale per realizzare il *"Bene del Tutto"* (*casate* familiari sempre più grandi e potenti, marchesati, contee, ducati etc), perseguiva sistematicamente il male delle sue parti (misere principesse e fanciulle consacrate per nascita a tetri destini a fianco di uomini orribili).

O sei libero di scegliere (tuo marito, il tuo lavoro, la tua casa, il tuo cibo etc) o sei schiavo. *Tertium non datur.*

Come non si può essere incinta solo un po', così non si può essere liberi solo a metà, poichè la "libertà" del cane di sgambettare nell'ora d'aria in un ampio parco urbano, non è *Libertà*.

E', tutt'al più, *divertissement*[74].

Alienando la tua forza-lavoro nel Mercato e obbligandoti da te stesso all'altrui dipendenza, conquisti **diritti al cibo, alla casa, a relazioni sociali soddisfacenti...** perdendo giornaliera libertà. Hai perciò <u>*barattato* una cosa</u> <u>per le altre</u>. Ma *la libertà non è mai attitudine astratta, bensì pratica concreta,* ed una cultura giuridica avanzata, in qualche maniera, prima o poi - nel corso dei millenni - rimuoverà l'interno controsenso di un sistema di organizzazione e disciplinamento degli scambi sociali che è giovane, immaturo, estremamente timoroso della Libertà dell'essere umano medio, perché estremamente sfiducioso nell'Amore dell'essere umano medio.

...E allora... *"tutti in gabbia, così si comporteranno bene"*.

Oh Ministro dell'Amore - assunto per fiducia presso il Ministero dell'Amore, comprendi il paradosso in cui giace l'esistenza di quegli uomini comuni così diversi da te, ma comprendi e studia tutto questo non già per rimuovere o correggere suddetto orrido artificio sociale ormai immanente alla nozione stessa di *Società*, quanto per affrancartene prontamente *quando possibile*.

Di fatti la <u>**subordinazione reale**</u>, come abbiamo cercato di spiegare, è in certo qual modo connaturata e funzionale al "buon ordine delle cose" - soprattutto in un mondo ancora così "selvaggio", primitivo qual'è il nostro, ma non deve necessariamente scaturire dalla **subordinazione *formale!*** *(contrattuale)*.

Mentre il volgo vive i rapporti di lavoro in una spiacevole ipocrisia perpetua – transitando dalla iniziale subordinazione formale alla definitiva subordinazione reale, in un percorso talvolta decennale di ascesi e mortificazioni *esteriori* – tra i funzionari del nostro ministero si persegue e verifica un *Martirio Interiore,* tra noi vige una *Regola di Condotta* che è *interna* e ben poco *esterna*, la consapevolezza della Libertà e del Peccato qui è massima, quindi massima sarà la devozione, massima la fiducia, totale, assoluto l'Amore richiesto.

Sebbene anche noi facciamo uso di *tipici contratti di assunzione* - che alludono ad una subordinazione *formale*, vi è per te ministrante (e ti è assolutamente richiesto) un ulteriore passo: la subordinazione di chi lavora 9 o 12 ore quando ne sono contrattualizzate solo 8. La subordinazione reale di chi non replica al superiore perché "è il mio capo e potrebbe licenziarmi, ho le bollette da pagare, i figli da mantenere etc", ma perché "il capo vuole il bene mio, il bene del mio ministero ed il bene della mia società". La subordinazione di chi nutre sincera e notturna compunzione di cuore nel privato della sua camera da letto, a seguito di colpe contratte durante le diurne mansioni di lavoro.

Allora, se farai tutte queste cose, **non sarai più un subordinato – né *formale* né *reale!*** - poiché vivrai nella gloria della Volontà del Sistema, che vive in te, e dunque non potrai mai mai più essergli soggetto, dipendente o schiavo, perché siete divenuti <u>Una Sola Cosa</u>, nell'Amore.

*Questo è il mio auspicio per te e per tutti.*

# LO SPIRITO DI FAMIGLIA

3.3 – Son passati un paio di secoli da quando l'eminente giurista[75] ingaggiò la sua crociata contro le corporazioni e lo «*Spirito di Famiglia*».

E' giunto tempo di riabilitarlo.

La società moderna fonda giuridicamente i diritti dell'individuo tagliandone le fila che lo legano materialmente dapprima alla sua famiglia d'origine, poi alla suo contesto natale (città-regione), ed infine al suo Stato nazionale. Per salvarlo in modo durevole da *"Gli Altri"* - troppo liberi, troppo pericolosi - il diritto occidentale provvede dunque a privatizzare non tanto i possedimenti particolari dell'individuo, quanto la sua intera vita.[76]

Creato un vuoto istituzionale attorno l'individuo, che lo protegge e lo occulta all'occhio indiscreto dell'*Altro*, esso può appartenere a Me, *Il Nulla*, apolitico e sovranazionale, culturalmente indifferenziato, neutro.

Ma l'avversione di Cesare Beccaria per il desueto *"Spirito di Famiglia"* aveva ragioni e connotati più storico-pragmatici che ideologico-normativi!

Egli stesso scrive: «*una repubblica troppo vasta non si salva dal dispotismo che col sottodividersi e unirsi in tante repubbliche federative*»[77] sicchè la frantumazione del tessuto giuridico-sociale facente capo a tante aree regionali e nicchie culturali specifiche, locali, "familiari", non osterebbe alcuna libertà o buon governo della cosa pubblica, sennonché, come sappiamo, scrive anche:

La morale domestica «comanda un continuo sacrificio di se stesso
ad un idolo vano, che si chiama *bene di famiglia*, che spesse volte non
è il bene di alcuno che lo compone»[78]

...e da qui al contempo la ostilità beccariana per una eccessiva parcellizzazione del potere amministrativo.

La domanda che ci facciamo è: che padre illiberale conobbe Cesare Beccaria e la sua società, per rifiutare così radicalmente l'avvento di mille mila «*piccole monarchie*»[79]?

Beh, sappiamo che il settecento resta, dopotutto, un'epoca post-rinascimentale! Cioè un florilegio di convinzioni ed una tempesta "ormonale" di emozioni diversissime. L'epoca dei lumi si miscela con quella romantica ed industriale, per creare animi foschi e suggestivi, contorni imprecisi.

Oggi, invece, contrariamente ad allora, la cultura che appare pubblicamente nel mainstream televisivo è sempre in qualche modo MONOCROMATICA, abbastanza triste, povera - a tratti asfissiante, morbosa - poiché filtra da redazioni giornalistiche orgogliosamente allineate ad un progetto cosmopolitico globale il quale è "fantastico" si ma semplice, sostanzialmente elementare nei limiti e nei tratti, dunque il rischio di un "far-west" ideologico che possa <u>spaziare</u> *sinceramente* – in un medesimo fascio di canali televisivi - dal **transumanismo neoliberale** (di sinistra) all'**umanesimo neorinascimentale** (di destra) non esiste davvero, mentre esiste il rischio – ed è alto ed è evidente – di un APPIATTIMENTO CULTURALE delle nuove generazioni alle procedure uniche del sapere e del "politically correct", goffamente militanti sotto slogan traslucidi glitterati di rosa che dovrebbero arginare gli immani pericoli del "terrorismo globale", delle "fake news" e del sovranismo.

In tale contesto seduttivamente irregimentato, così noioso e diverso dai vivaci salotti settecento-ottocenteschi, restituire amplissimo potere ed autorità normativa alle <u>Comunità Locali</u> assicurerebbe *Libertà*, *Democrazia* ma soprattutto *Rispetto*, poiché ***la mia famiglia conosce e può conoscere i miei bisogni molto meglio di uno Stato***, e la mia città-regione assai meglio di un impero federiciano riassemblato.

Il diritto moderno stracciando o indebolendo i legami del singolo con la realtà locale, voleva salvarlo dalla realtà locale – dai suoi signorotti e dai bulli di quartiere, ma nel fare questo ne ha consegnato le sorti ad una realtà tecnocratica "celestiale", nel senso di troppo politicamente e burocraticamente distante per risultare al contempo anche intima, umana come una famiglia e quindi *cognitivamente accettabile* dal vulgus.

Una tale avidità di potere è immiscibile con la organica vocazione alla libertà propria di ogni essere umano, poiché l'unico modo di cogliere "da vicino" e soddisfare attentamente[80] le necessità del *Nuovo Terrestre,* è investire enormi quantità di soldi ed energia in sofisticati sistemi di video-sorveglianza e screening, misura e controllo dei movimenti fisici ed intellettuali degli esseri umani, che per quanto "utili" contro il "terrorismo globale" o le "epidemie globali", violentano nel profondo tutta l'umanità.

# GOLDEN POWER

3.4 – Che cos'ha da guadagnare un italiano, da un modo genuinamente liberista di procedere del Mercato – come quello propugnato dal TFUE[81], che infine riempie il suolo italico di aziende francesi, tedesche ed olandesi?

Puntiamo sul quesito la lente d'ingrandimento.

Tu Stato italiano ami certamente la popolazione italiana – o almeno *dovresti* amarla e servirla per **mandato costituzionale**, ma causa ardente ideologia esterofila per la quale "tutto ciò che proviene dall'europa è meglio di me", NON PROTEGGI più le industrie italiane dalla astuta concorrenza delle civiltà barbare nord-europee, come non proteggi le assicurazioni italiane, i ristoranti italiani, gli hotel italiani, le banche italiane etc dai loro omologhi esteri.

Tu sei di sinistra di liberale e liberista, hai fatto un "voto", una scelta di **fede nella "Natura Selvaggia"** o, meno scurrilmente detta, nella *«economia sociale di mercato fortemente*[82] *competitiva»*[83].

Tu illuminato G.E.P (giurista-politico-economista) credi fortemente in qualcosa di "incontaminato" che esiste oltre la siepe degli Stati e delle società nazionali, e per inebriarti ai raggi di tale misteriosa coppa sei disposto al sommo sacrificio.

Infatti l'italiano non guadagnerà assolutamente nulla da un mercato italiano invaso da attori economici stranieri, per il semplice, noto, banalissimo motivo che **aziende straniere pagheranno tasse a Stati stranieri**, realizzando però un vivo profitto sulle abitudini di spesa di una massa locale italiana allevata, istruita, curata a spese del rispettivo Stato nazionale.

Ora, se lo Stato locale ha generosamente permesso la "Competizione Totale", ma guadagna poco e niente da tale eldorado di dogmi liberisti, da dove ricaverà i soldi per migliorare scuole, ospedali, costruire strade, pulirle, assumere i disoccupati italiani?

Povero in cassa, dovrebbe quantomeno "stampare moneta" per soddisfare le richieste di avanzamento dei progetti sociali magari avviati 20 anni prima (terminare la ristrutturazione di un teatro, formare una nuova generazione di insegnanti, colmare una importante filiera produttiva e così via), ma ecco... ancora il TFUE impedisce espressamente ad uno Stato "sovrano" di coniare moneta, e la massa monetaria annuale "concessa" in forma di prestito dalla Zecca transnazionale "indipendente", come anzidetto, per i medesimi articoli, non può essere erogata direttamente alle strutture statuali di intervento sociale (comuni, regioni, ministeri nazionali), poiché sarebbe "concorrenza sleale" dello Stato – cioè del <u>settore Pubblico</u>, nei confronti degli *Attori Privati dell'Economia* (che costituiscono il pubblico).

> *Uno Stato "italiano" che*
> *non ha mani libere per agire*
> *a favore degli italiani,*
> *è italiano?*

Ora un ultimo passaggio, o forse il primo di essi.

Le aziende estere che così aspramente competono con le tue, potrebbero essere "più valide" ed esperte di quelle locali perché...

a. ...ci fu un tempo in cui ebbero il **TEMPO DI CRESCERE**, PROTETTE DA OGNI CONCORRENZA; oppure...

b. ...lo Stato si assunse - alla moda sovietica/nipponica - un tale compito e concentrò risorse incredibili a tale scopo; oppure...

c. ...il livello dei progressi sociali era basso in *tutta* la civiltà globale, sicché praticamente non esistevano validi concorrenti in materia neppure all'estero!

Erano tempi di pace, e tale pace permise alle forze sociali di *evolvere in tutta tranquillità verso la* <u>perizia tecnica, scientifica, culturale</u>.

Ergo, se vogliamo fare "del bene" ai "paesi in via di sviluppo", il primo passo da fare non è fare la carità o "proteggere i diritti umani[84]" - il primo sindacato è un libero potere di contrattazione salariale! - ma **liberarli *quanto più possibile* dalla concorrenza degli erogatori esteri di beni/servizi.**

Ciò non vuol dire necessariamente stimolare l'autarchia, quanto una **piena**, più **intelligente** come anche più **umana**[85] occupazione del demos locale.

Se questo verrà formalmente impedito da trattati e catechismi finanziari internazionali, il naturale monopolio di pochi campioni genererà nel tempo una base piramidale molto estesa di molti poveri inermi ed infelici, che pena piccoli tafferugli o ampi movimenti di protesta sociale, dovrà infine essere sostenuta dall' "Occhio Onniveggente" che veglia misericordiosamente sopra di noi, attraverso _Redditi di Sussistenza Automatici_, sapientemente calibrati per non compromettere la funzionalità dell'Unico Sistema Monetario Mondiale.

Ed anche questo, del resto, sarà un'espressione - forse l'ultima e tecnicamente più virtuosa, del _"Golden Power"_ del tradizionale Stato sociale/socialista (o keynesiano), in prima istanza respinto dall'ordoliberismo come eccessivamente _malvagio in quanto congenitamente inflattivo, "sprecone"_, ma per il quale solo la popolazione locale rimaneva sempre ben degna di essere protetta, ascoltata, amata; non già affamata, martoriata, abbandonata a se stessa e alle selvatiche "leggi di natura" (o "leggi di mercato" corrispondenti).

# Ministero dell'Abbondanza

Corpo di norme, consuetudini e persone che indirizza le pratiche sociali verso l'abbondanza economica assicurando ai buoni cittadini la fruizione dei servizi allestiti dallo Stato nazionale, sovranazionale o internazionale.

## LA VITA

4.1 – *«Lo Stato politico non è che la continuazione ad un altro livello dello stato naturale, ed è perciò destinato ad incorporarne e riprodurne i medesimi caratteri»!* [86]

Questo potrebbe rassicurare alcuni, destabilizzarne altri, in quanto se la Politica finirà con l'integrare la Natura, tutti gli sforzi di certi istituti, fondazioni e avvocati d'impresa di farsi *Sole del Mondo,* finiranno per spegnersi in una sola notte di immensa sciagura!

Il tentativo, tuttavia, non era mal concepito.

Gli uomini in effetti si aggregano in società secondo logiche marcatamente irrazionali (casuali) all'inizio del processo di aggregazione sociale, sicché era qui possibile – da parte di pochi uomini sagaci e di potere, intervenire con mano potente onde avvincere tutti gli altri uomini, più deboli, a sè.

Tali regole di organizzazione dei corpi intermedi e di *Creazione della Norma* diventano certamente più semplici, efficaci e coerenti con l'avanzare dei secoli. Nel fare questo, però, gli uomini *tendono* sempre a trasferire nella compagine politico-istituzionale creata ex-novo, quanto esperito in quella emotiva e storico-naturale presso amici, parenti e colleghi di lavoro!

Come la pianta tende spontaneamente ad allontanarsi dalla terra e ad avvcinarsi al sole *("gravitropismo"),* così l'umanità tende formidabilmente, lentamente, ad abbracciare tutta la Verità, e a non occultarla.

In questo movimento delicatissimo risiede la **possibilità sempre attuale** di una *Umanizzazione* dell'assetto politico-giuridico esistente, quand'anche esso cominci ad "andare per conto proprio", verso la tirannide e la censura, l'inquisizione, l'apartheid, l'abuso di potere.

Sicuramente non volge a favore di un pronto avvento dell'Era di Libertà dopo il trionfo della Luce Oscura, la ben "triste" capacità dell'essere umano di *abituare pure immediatamente* i propri occhi al buio. Ma d'altra parte, la luce è affascinante in se stessa, e quando l'ombra è molto intensa, anche il lumicino più sperduto riuscirà a far parlare di sé!

Ciò è *naturale*.

> *«L'abitudine rende sopportabili*
> *anche le cose più spaventose»*
> Esopo

Attorno alle luci si coagulano i primi organismi sociali che, come abbiamo presupposto, *tenderanno* a riproporre in se stessi qualcosa di profondo che avevano conosciuto quando ancora erano atomi sparsi nello stato di natura.

Il primo atto di un qualsiasi organismo "vivo" è la "autodifesa" rispetto alle "aggressioni" dell'ambiente circostante, che esso cerca di "assorbire" e rispetto alle quali prova a "reagire".

Orbene, anche lo Stato - come "collezione" territorialmente localizzata di tanti "microrganismi" (associazioni[87]) - si profila infine come "organismo unico e vivo", "pluricellulare". Quale il segno del raggiungimento della età adulta?

> Ognuno dei suoi corpi intermedi ha rinunciato a provocare specifiche "reazioni di rigetto" contro "corpi estranei", demandando il compito della auodifesa del corpo complessivo, ad un organo specializzato (polizia, magistratura, parlamento etc). Da questo momento in poi l'azione dello Stato sarà in realtà la *«immunità-in-azione»*[88], sicché *la biopolitica è invero la dimensione più profonda, naturale, della politica!*

La natura non fu mai "Il Problema" da risolvere, bensì il "progetto segreto" del fare politico e di ogni filosofia politica.

Segreto come il dna.

«I fatti politici sono **inseparabili** dal desiderio e dal giudizio umano»[89], e ancora prima, dalla *Natura* umana.[90]

Tutto ciò non potrà non avere ripercussioni persino su una prassi giuridica "liquida"[91] come quella attuale.

«E' la vita, molto più del diritto, che è diventata la posta in gioco delle lotte politiche, anche se queste si formulano attraverso affermazioni di diritto»[92].

Questione di diritto, oggi, non è più la libertà, l'uguaglianza o la democrazia, ma qualcosa di ancora più interiore, ancestrale.

Avevamo un tempo inteso la legge come elemento in grado di mediare tra le *Istanze dello Stato* e le *Istanze del Popolo* attraverso la formulazione di categorie giuridiche che servivano a regolare la relazione tra le due parti sociali in eterna opposizione ma eternamente dipendenti l'una dall'altra – *Il Governante e Il Governato,* ma ecco la novità degli ultimi tempi, dei tempi del covid...[93]

La questione che ha preso il sopravvento perché sottendeva tutte le altre, sia in ambito politico che giuridico, è la *Gestione della Vita.*

Essa, in fin dei conti - a ben pensarci - è da sempre stata la **Materia Prima** di ogni disputa interna al consesso sociale, anche di quelle avvenute all'interno nella taverna di Mastro Ferraio, fra un boccale di vino ed uno sporco barbaro spuntato all'uscio.

*Sempre si parlava della Vita!* Tuttavia da parte delle autorità locali[94] vi era da sempre stato come un CASTO PUDORE nel statuire un esplicito collegamento pur di vago sapore normativo proprio con *"La Vita delle Persone".* E poiché Foucoal sin da tempi non sospetti parlava, già 50 anni fa, di una «presa in carico della vita da parte del potere», siamo un po' costretti a pensare che, probabilmente, l'ultima evoluzione o aggiornamento del sistema politico, forse era "programmata", o scritto da qualche parte in quel rifinito codice che passa come il "dna" della società occidentale.

La modernità urbana – con il suo nuovo e prestigioso "Diritto senza Società"[95] - altro non è che l'alcova ideale preparata fin dalla fondazione del mondo ove partorire *La Transizione* finale, da <u>*Uomo Libero ma non Liberato,*</u> a *Uomo finalmente Ordinato.*

*Affida a Me la tua Intera Vita, e ne riceverai in premio onore e gloria, oltre che cibo abbondante e totale libertà di movimento!*

Ecco, dunque, quella che sarà la prima parola del tuo Ministero: **fiducia.**

*"Siamo tutti parte di un unico organismo".*
In passato soltanto filosoficamente, spiritualmente, romanticamente.
Adesso politicamente, giuridicamente, biologicamente.

# LA TECNICA

4.2 – Dall'altura delle stelle un giorno Hannah Arendt profetò e disse: «*la dittatura non la vedi chiaramente nel momento in cui sta nascendo*».

Verità quasi lapalissiana giacché nessun dittatore potrebbe mai esordire dicendo "Buongiorno a tutti, sono un dittatore[96]" ma trattandosi di studiosa ebraica, tedesca ed americana con notevoli contatti con illustri intellettuali del suo tempo, la riflessione acquista credito speciale.

Perciò riscuotiamo.

Potremmo cominciare col dire che se la dittatura "non la vedi chiaramente nel momento in cui sta nascendo", allora non capirai neppure quando sorgerà l'alba. Perchè? Perchè sei miope, non hai un *criterio infallibile di analisi dell'esistente.*

No, neppure tu scienziato.

Se a queste condizioni volessi applicare la **censura preventiva** (come la **guerra preventiva** di G. Bush[97] contro tutti i «*Nemici Potenziali*»[98]?) potresti trovarti nell'imbarazzo di aver gettato il bambino insieme all'acqua sporca.

Perchè?

Perchè sei miope, non possiedi un *criterio nitido ed impeccabile per dragare l'esistente.*

*No, neppure tu scienziato,* che, in fondo, sei uomo come tutti.

A questo punto alcuni eruditi transumanisti – nell'idea di acquisire un *Metodo Definitivo* per stanare dalla società umana ogni interferenza *"cattiva"* (ma anch'essa *inevitabilmente umana*)[99] e s-terminare tutte le «*Bocche Inutili*»[100], potrebbero pensare di affiancare a "meccanismi oggettivi" di valutazione dell'esistente (ad es. un algoritmo gestito da una intelligenza artificale collegata ad *ogni* umana attività di ricerca sul web), eventuali "criteri sociologici" selezionati da "Esperti[101]", se non chè dall'altura delle stelle ancora una volta scende Anna Arendt ad illuminare i gonzi, osservando come *«nulla forse quanto il Rapporto Kastner mostra fino a che punto persino le vittime accettassero i criteri della soluzione finale»*[102].

A questa breve osservazione la storia non ha dato l'opportuno peso!

Ripetiamo e diversifichiamo: dalla stessa bocca della ebraica ed ebrea H. Arendt apprendiamo che *"persino le vittime dell'olocausto accettarono i criteri della Soluzione Finale!"*.

*Rileggi!*

Non lo hai fatto?

Leggi ancora!

*Una propaganda fatta bene*
*persuade pure i giusti*
*di essere nell'ingiustizia!*

Naturalmente, se poi finisci asfissiato in un lager, infine lo capisci che c'era qualcosa di ingiusto nell'aria (e non eri tu). Ma da qui una ulteriore possibilità.

*E se una dittatura moderna, esperta, saggia...*
*riuscisse a **fermarsi per tempo**?*

Che strumenti avrebbe oggi la società occidentale per avvedersene, in presenza di una POTENZA DI PROPAGANDA TOTALE esibita da ogni tv, h24, e di una <u>capacità di autodiscernimento</u> tanto buona ed accorta da riuscire a frenarsi o almeno contenere i risultati più rozzi e feroci di un pensiero unico mondialista?

*«La dittatura non la vedi chiaramente*
*nel momento in cui sta nascendo»*

...Ma se è discreta, elegante, non la vedi neppure quando cresce e prospera!

Mentre la riconosci sempre benissimo quando è ormai morta, stesa sul lettino, disponibile alle autopsie rituali de *"Gli Esperti"* (di mezzo secolo dopo).

La *Tecnica di Penetrazione* del verme nella Grande Mela è simile a quella della serpe o del topo, entrambi capaci di entrare in una fessura più stretta del loro corpo.

*Il segreto sta nella mancanza di una vera e propria spina dorsale,* come nell'esistenza di una struttura scheletrica molle e/o minuziosamente frammentata, poco rigidamente eseguita, cartilaginea, il che ci ricorda qualcosa del nostro pregiatissimo diritto contemporaneo...[103].

La dinamica ce la spiega meglio niente poco di me che l'ex-presidente della Commissione Europea e primo ministro del piccolo Lussemburgo, Jean-Claude Junker, il quale, in un momento di generosa ebbrezza, ci rivela come la UE superò alcuni momenti di incertezza.

Questo è l'indimenticabile **Metodo Junker**:

«Prendiamo una decisione, poi la mettiamo sul tavolo e aspettiamo di vedere cosa succede»[104]. «Se non provoca proteste o rivolte, è perché _la maggior parte delle persone non ha idea di ciò che è stato deciso_; **allora noi andiamo avanti**, passo dopo passo, fino al punto di non ritorno»[105].

Notiamo che, diversamente da un qualsiasi volgare, antiquato metodo di coercizione dittatoriale, il Metodo Junker è più attento, intelligente, circospetto, come un serpente espone qb il capo dalle rocce, per afferrare il momento esatto in cui esporsi completamente agli occhi della preda. Ma astuto come un roditore, capisce benissimo l'altrettanto fuggevole momento in cui battere in umile e veloce ritirata, consapevole di essere troppo piccolo e molle per lottare davvero con il suo avversario.

In realtà, introdurre _gradualmente_ un ingrediente nell'impasto, affinché il sistema non ne sia urtato e lo digerisca bene[106], è del tutto logico, naturale, fa parte di quella "pedagogia sempieterna" che sempre guarda dall'alto il mondo come il suo proprio gregge, e che non vuole gravare le bianche pecorelle di pesi troppo intensi, di eccessivi pensieri, della 'si dura realtà che si agita tra i boschi là fuori, coi lupi, oltre il recinto.

Sia un dittatore cattivo che un dittatore buono - _Un Liberatore_ - dovranno sempre venire a patti con la natura più mesta e gregaria dell'umanità, che va guidata sì col bastone, ma sempre **a piccoli passi**, così come sempre a "piccoli passi", cioè gradualmente, dovrà essere "cucinata". [107]

# LA DITTATURA DELLA NORMA

4.3 – Una norma si dice "giuridica" se viene accettata ed applicata come tale dal corpo sociale, il quale 1) può respingerla (facendola cadere in **desuetudine**), 2) accettarla nella sua totalità oppure 3) recepirla in un'accezione differente da quella corrispondente alla disposizione scritta.

Hai capito?

Esulano, dunque, dalla nozione stessa di *Diritto*, perché prive di effettività, le norme che il corpo sociale non accetta e non applica come tali, quand'anche *formalmente* valide.

Alla prevedibile obiezione che l'inosservanza delle norme non ne esclude la *giuridicità*, può altrettanto agevolmente replicarsi che **l'accettazione e l'applicazione legale della norma non ne implica necessariamente l'osservanza da parte di tutti i consociati**. L'inosservanza, da parte sua, non implica necessariamente una violazione del diritto.

Affinchè la norma legalmente emanata perda il suo status di "giuridicità" occorre: a) che i consociati smettano di osservarla; b) che l'inosservanza non sia espressamente valutata dalla Costituzione come violazione del Diritto.

Esula dal diritto effettivo anche il significato originario attribuito alla norma dal legislatore quando essa, nell'accettazione del corpo sociale, ne abbia assunto uno diverso, del quale soltanto deve aversi riguardo per ricostruirne il contenuto giuridico, sebbene non coincida con quello desumibile dal testo scritto.

Questo diritto effettivo - o, come anche si suole chiamarlo, diritto «vivente» - può desumersi in primo luogo dagli orientamenti giurisprudenziali consolidati e particolarmente dalle massime della <u>Giurisprudenza della Naturale Legittimità</u>, in quanto **dalla concreta accettazione sociale dipende la possibilità di una concreta applicazione giudiziale della norma** ed il suo significato, inoltre, dipende dalla coscienza sociale che la riceve.

Il rilievo che <u>il contenuto della norma giuridica non coincide con quello risultante dal testo scritto (posto dalla fonte di produzione – parlamento, governo) ma con quello socialmente accettato ed applicato</u>, di cui sono indici gli orientamenti giurisprudenziali consolidati, induce ad indagare sui criteri in ragione dei quali avviene tale accettazione sociale.

Il giurista, precisamente, deve chiedersi in base a quali principi e valori la coscienza sociale cessi di riconoscere come tali una o più norme giuridiche, *privandole di effettiva efficacia regolatrice sebbene le stesse non vengano abrogate e mantengano inalterata la loro validità formale.*

La risposta a questa questione consente, ad un tempo, di individuare le ragioni per le quali gli istituti giuridici si evolvono continuamente nel corso del tempo. Se infatti il significato della norma giuridica non coincide con quello, immutabile, espresso dalla disposizione scritta ma con quello, mutevole, attribuitole dalla Coscienza Sociale, ciò vuol dire che *il Diritto si muove con la Società ed è animato dallo Spirito di questa.*

Per dirla con Vittorio Frosini: esiste, nell'ordinamento giuridico, uno spirito vivente rinvenibile nella Voluntas del legislatore storico, ma esso si distacca dalla lettera della legge scolpita dal legislatore medesimo nella proposizione normativa. Il contenuto *effettivo* della norma è dato dal suo spirito, non dalla sua lettera, e questo spirito che anima la norma è o dovrebbe essere lo stesso che anima la società e si evolve con essa.

Il riferimento allo spirito della civiltà che impedisce la cristallizzazione del significato della legge, adeguandone il contenuto alle istanze della vita sociale, consentì al giudice Ludovico Mortara di superare la vecchia interpretazione della legge elettorale in vigore (l. n. 999 del 1882) che attribuiva il diritto di voto politico ai soli uomini. Egli finì così per attribuire anche alle donne il diritto di elettorato politico *con ben 40 anni di anticipo* rispetto al successivo riconoscimento legislativo.

Il contenuto effettivo della norma, secondo Mortara, doveva infatti essere ricostruito tenendo conto del sentimento che anima e vivifica la coscienza dei popoli civili, ed il lavoro del giudice consisteva proprio in questo: egli non era "esecutore" acritico di leggi "morte", la norma giuridica poteva e doveva evolversi verso nuovi contenuti, simile a un porto in cui e da cui potevano riversarsi dinamicamente i valori espressi dal sentimento della società coeva: dal mare alla terra, e dalla terra al mare. Nell'applicazione pratica mortariana come nella terminologia frosiniana, la norma giuridica, nella sua dimensione vivente, è quel "dispositivo" ottimamente funzionale alla ricezione organica del sentimento sociale o spirito di una determinata epoca, e non il mezzo principe con cui soffocare lo spirito nascente di un'epoca in nome della "giustizia" e della tradizionale "legalità".

Se le leggi non onorano La Legge, di quale "rispetto della legge" vai blaterando?

I Germogli dello Spirito sono potentissimi, ma debolissimi sul nascere, e se la Corte terrena non ne avrà cura, moriranno, morendo con essi la parte dell'umanità che si era appositamente incarnata per risolvere i problemi dell'umanità.

Hai capito, piccolo grande totalitarista togato?

# IL GIOCO DELLE PARTI

4.4 – Il moderno diritto sovranazionale/internazionale "ripulisce", svuota dall'interno, logora e, forse, infine demolirà/sostituirà completamente la giurisdizione statuale-locale perché purtroppo «anche i governanti hanno la **cupidigia** comune a tutti gli *uomini* di costituirsi una proprietà con un minimo di sforzo individuale. Abbandonati a se stessi essi sfruttano la potenza che viene loro affidata in virtù della loro carica ufficiale per compiere esazioni arbitrarie sulla ricchezza degli altri. Se proteggono l'industria e la proprietà dei comuni cittadini contro le invadenze di altri comuni cittadini, lo fanno solo per avere una maggiore quantità di risorse a cui attingere per i propri fini»[108].

Ogni *governo locale*, quindi, sostanzialmente, per molti grandi intellettuali, altro non è che 1 uomo gretto e avaro.

*"Esso va annientato, tolto dal mondo".*

*"Potrebbe in qualche misura continuare ad esistere, purché sublimato in qualcosa d'altro d'infinitamente superiore, superiore a tutte le meschinità di tutti gli uomini di tutti i tempi".*

Ordunque provvediamo a sbrogliare questa maleodorante matassa di dotti preconcetti.

Presta ascolto.

Noi siamo ormai ben consci della <u>indipendenza dello Stato dal Popolo</u> o non-coincidenza dello Stato con il suo *Fondamento Politico Naturale* (il demos). Grazie a pensatori come Dewey, non crediamo più a certe "favole"! Non dovremmo però esimerci dal *ragionare per conto nostro*.

*E se lo Stato fosse* **davvero** *una*
ALTRA PERSONA?

*Intendiamo con ciò una persona* **totalmente altra,** *totalmente diversa,* **organicamente difforme** *dalle forme di vita comuni!*

Ebbene, sicuramente è così!

E' una persona "giuridica", una "anima di gruppo" che avoca come suo proprio corpo non un corpo, ma il corpo di un popolo.

Lo Stato non ha una singola testa a capo come l'abbiamo noi, ma tante.

Non ha un pensiero lineare come il nostro, ma policentrico.

Non ha sentimenti inquivocabili come i nostri, ma diversi e interrelati.

Tuttavia... possiamo infine ben dire che esso sia dotato – *a suo proprio modo* – di una mente complessa e di un cuore in qualche misterioso modo saldati da un obiettivo finale o "destino di nascita" o "progetto di vita" conoscibili attraverso il suo *Statuto di Fondazione*[109].

Esso è una <u>*Creatura Storica Straordinaria, speciale, diversa dalle ordinarie*</u>!

Tu eurocrate PRETENDI[110] un mondo libero si, ma libero prima di tutto da *Enti Statuali Vivi* che competano dinamicamente con le tante altre creature di questo mondo, liberamente.

Tu temi quella deliziosa creatura statuale, così diversa, e ne hai spavento perché è <u>pluricefala, con tante braccia e pellerossa</u>, accordando invece il diritto alla **libera competizione**, alla **libera esistenza** e **libera azione** alle <u>entità pluricefale private dipinte di blu</u> (consorzi di imprese) e ai loro piccoli devoti.

Tu pensi che la rossa sia per natura una ladra, figlia di ladri e prostitute, ma se ti appresti un po' a conoscere i suoi natali, vedrai che non è così.

*Anche la tua famiglia potresti scoprire essere una delle sue Molte Madri!*

*Non esercitate infatti anche voi, da lunghe gererazioni, il **diritto di voto**?*

Solo un economista profondamente ipocrita (od ottimamente ovattato) non rileva che una *Libera Concorrenza Adulta* – cioè rimasta per abbastanza tempo sul Mercato, libera di crescere – produce altrettanto naturalmente monopolii!

Ma un monopolio, un trust, un cartello, una volta formato[111] soffoca la libertà di iniziativa privata delle forze più giovani della popolazione locale!

E quindi... come farai a spezzare l'oligopolio delle divinità blu com molte braccia (le Multinazionali), senza l'aiuto delle divinità rosse con molte braccia (gli Stati)?

Se l'eurocrazia o chi per lei, "permette" l'esistenza degli Stati Locali, ma ne lega le mani con pesanti catene di norme, codicilli e volgari proibizioni e veti di intervento diretto dello Stato in economia – veti da cui le entità private blu sono invece del tutto esenti, *i cittadini resteraranno soli in preda ai tentativi di abuso degli Hare Krishna della Finanza Apolide Globale!*

Un **Essere Storico Ancestrale** quale è ogni antico Stato Nazionale, sebbene in fondo confuso da un patrimonio di norme sovente indecifrabili, non rappresenta certamente *tutti* i cittadini, ma rappresenta altrettanto certamente *qualcosa* che appartiene ad una dimensione profonda cui partecipano o hanno organicamente partecipato tutti i cittadini, nella storia, <u>attraverso le regolari sessioni di voto</u> (anche di quelle ormai dimenticate!).

L' "inconscio" dello Stato senz'altro NON è il trascendente *Inconscio Collettivo!* Ma l'inconscio di una *sezione* della società vivente su un dato territorio, senz'altro!

*L'operato dello Stato sarà meschino se lunghe generazioni di uomini saranno state meschine, di mentalità ristretta.*

Si comporterà male - come individuo gretto ed avaro, se quegli uomini avranno nel corso della storia scelto il male, la grettezza e l'avarizia, ma anche con questa grave certezza nel cuore, **non è bene uccidere, legare o imbalsamare tale Grande Creatura**, allo stesso modo in cui non sarebbe giusto mettere al rogo facebook-youtube-twitter solo perché hanno "complottato" e, alla fine, hanno fatto fronte unico (oligopolio) contro un nemico politico comune (la rinascimentale controinformazione di destra).

E' questo il tipico gioco della Libertà nel mondo, che va giocato con le armi della Libertà <u>concesse in equal misura a *tutti* i giocatori</u> della scacchiera: *Stati* e *Multinazionali*, sia a sindacati che ad imprenditori riuniti nel loro dorato club di golf.

*"Vinca il più forte!".*

E sarai più forte perché *veramente* più forte, e non perché <u>con un trattato internazionale hai avvelenato e paralizzato la cultura avversaria nella tela del ragno</u>, nell'illusione di avverare le famose parole:

*«Queste sono battaglie che le generazioni future*

*non dovranno più combattere»*[112]

Non sarà la istituzione di un *Governo Unico Mondiale* a dare a tutti il salvatore che cercano, semplicemente perché *ogni parte sociale e politica ha bisogno di un "proprio" salvatore.*

*Ogni territorio, ogni popolo, ogni natura, cerca sempre e prima di tutto una salvezza intima, personale, non globale!*

Adesso una ultima, importante precisazione.

Uno Stato – piccolo o grande che sia – si compone necessariamente di PARTI, ORGANI più o meno complessi e più o meno onorevoli.

Posta dunque la equipollenza di uno Stato ad un branco di branchi di lupi, galline e pecore - il *Ministero dell'Abbondanza*, l'abbondanza *di chi* dovrà perseguire?

La prosperità della pecora è infatti pascolo verde e fiorito, ma non ammette quella della capra, poichè l'una non prospererà se prospera ghiottamente l'altra; quella del lupo, invece, coincide con le pecore e le capre riunite insieme, disposte per la carneficina.

Proprio ciò ha reso inviso ai più l'operato dello Stato nella storia: esso sovente ha infatti difeso i lupi – che sono parte naturale del suo interno *Ecosistema!* - quando in quel momento della storia era invece più opportuno mungere latte dalle mucche e allevare cavalli!

Orbene, in una scena internazionale dominata da stormi di Creature Blu che volteggiano come condor sopra le Creature Rosse **stipendiandole**, gli Stati non potranno non far convergere la legislazione territoriale verso i desiderata degli illustri rapaci che dimorano alti nell'unico cielo, ma se gli uccelli blu non avessero il potere di stipendiare i pubblici amministratori[113], le rosse fenici potrebbero risorgere dalla confusione in cui versano, più forti e più indipendenti rispetto al sempre imprevedibile "meteo" delle congiunture economiche internazionali, scegliendo di volta in volta in completa autonomia e democraticamente - secondo gli standard etici depositati dalle popolazioni locali nella loro propria Costituzione/Statuto - quale parte del proprio ecosistema, gli orsi o gli agnelli, i cavoli o le capre, *di volta in volta* sacrificare PER IL BENE PIU' GRANDE.

L'osservazione non è peregrina, presta attenzione.

Un progressivo miglioramento dell'esercizio dei diritti umani nel mondo, non può intrinsecamente emanciparsi dalla *Libertà e Indipendenza di uno Stato Sovrano,* che oggi più che mai[114] andrebbe **difesa**, non **estinta** in nome di un "Bene del Tutto" che faccia sistematicamente il male di alcune o tutte le sue parti![115]

Il motivo è il seguente, ed è storico ed evidente.

Molti paesi in via di sviluppo registrano conflitti armati tra leader, etnie, gruppi politici o caste militari che trascinano nella paura e nella disperazione tutto l'apparato statuale, che infine diventa confuso ed ingestibile (o gestibile solo mediante autoritarismo antidemocratico).

Normalmente anche un raffinato popolo delle sponde euro-atlantiche vive di "parti" e "sezioni", cioè associazioni, nicchie e "movimenti di rivendicazione popolare", solo che – diversamente da un paese in via di sviluppo, in Occidente i gruppi di poteri apolidi/esteri hanno perso l'abitudine di finanziare con soldi ed armi tutte le fazioni politiche possibili ed immaginabili, sicché in Europa "la pace regna", o almeno, la guerra civile non è fra gli orizzonti delle sardine o dei leghisti, dei macroniani e degli antimacroniani etc.

In altre parole, abbiamo tutt'oggi sullo stesso pianeta 2 società organicamente analoghe in quel che è la naturale, umana frammentazione delle istanze popolari di pensiero, ma diverse negli esiti perché i paesi in via di sviluppo sono incalzati dagli *Estremisti della Finanza Internazionale*[116] a spararsi l'un l'altro, mentre gli altri no.

In cosa consisterà nei 2 casi, perseguire "Il Bene del Tutto"?

In Occidente consisterà nel togliere quanto più potere alle sovrastrutture di tipo baronale e di finalità eticamente tronfie per riconsegnarlo alle mani di gruppi locali capaci di gestire efficientemente territori locali e Stati più piccoli, "locali", con progetti di costruzione del benessere locale partoriti dalla stessa comunità locale.

Ma negli odierni paesi in via di sviluppo frustrati dalla guerra civile, questo modo di agire non sarebbe utile a risolvere i conflitti in essere, poiché *il territorio è comune, è limitato, e se appartiene all'una fazione non apparterrà all'altra!* In una situazione di estrema cecità e forza di una associazione contro l'altra, «l'accentramento di potere ed un alto grado di autoritarismo appaiono talvolta necessari per **rafforzare le strutture economiche** e avviarle verso l'obiettivo dell'autosufficienza economica, o almeno di uno sviluppo che attenui la dipendenza»[117] rispetto ad altri paesi. Questa è una «tendenza di fondo che molti considerano in larga misura giustificata da obiettive esigenze di sviluppo»[118].

Pertanto, la teoria dello *Stato Sovrano* espunta dalla filosofia liberista come intrinsecamente illiberale e liberticida, torna alla ribalta come soluzione ai più gravi mali causati dallo stesso liberismo selvaggio!

Restituto con *Atto Unico Sovrano* (dittatoriale?) il potere a TUTTA la comunità locale – e selvaggemente spogliata la medesima di ogni fucile, sarà essa stessa, attraverso semplici procedure democratiche, a selezionare un leader unico.

### Una **Democrazia Trasparente**

*seda del tutto spontaneamente i rivoltosi*

(ma non quelli *stipendiati* per rivoltarsi!)

In alcuni casi, quindi, senza una <u>*Istituzione Superiore alle Parti*</u> in conflitto – nazionale, sovranazionale o addirittura internazionale - non c'è salvezza per la popolazione locale psichicamente fratturata fra molte ideologie diverse. D'altra parte, se la istituzione diviene *troppo* superiore, astratta, inutile – allorchè le sue parti sussisterebbero benissimo sovrane in un proprio territorio - imporla dall'alto semina *Nuovi Conflitti* persino laddove non sarebbero mai nati!

*Come la zizzania, sottrarrà nutrimento alla spiga della Pace fra popoli e culture costitutivamente diverse.*

L'instabilità potrà risolversi attraverso nuove imposizioni, nuove distorsioni, abbastanza costanti nei secoli e decenni da divenire *Nuovi Abitudini Sociali,* alla lunga un po' melanconiche e inconsciamente fastidiose per tutti, invero.

Costituito il *Nuovo SuperStato*, ordunque, potremmo domandarci: **a quale dei suoi molteplici corpi deve votarsi il *Ministero dell'Abbondanza?***

Semplice: a quello democraticamente votato, nel tempo.

E certo, quanto più il SuperStato sarà grande e culturalmente infondato, tanto più tale "democrazia" darà adito a scontri di piazza!

Viceversa quanto più lo Stato è piccolo e culturalmente coeso, tanto più la **democrazia** transiterà verso la **sociocrazia**[119].

Ad ogni modo, grazie alla *Libera Controinformazione*, a volte il Governo – attraverso il partito democraticamente eletto - coadiuverà la prosperità "socio-ecologica" del lupo, altre volte della madre con l'agnello.

Questa alternanza è propria anche dei comitati più piccoli ciclicamente chiamati a scegliere il proprio leader e le nuove politiche di conduzione della cosa pubblica.

E' perciò "dittatura buona" quella di qualsiasi apparato statuale chiamato a scegliere di volta in volta quale corpo intermedio ascoltare e tutelare come "proprio beniamino".

Ma se il sistema si volge SEMPRE a favore dei lupi (ceto alto-imprenditoriale) contro gli agnelli (ceto basso-dipendente), qualcosa non va. E se un trattato sovranazionale costringe lo Stato ad una regolare mattanza, qualcosa non va.

*C'è una infezione in corso.*

# Ministero dello Spirito

Corpo di norme, consuetudini e persone che valuta la conformità della attività dei 4 ministeri anzidetti, all'eternamente Giusto Spirito della Legge.

## IL PASSATISMO

5.1 - «*Poichè "Il Nuovo" oggi è questo ed è interessantissimo, essere contro questo significa che sei brutto, vecchio e noioso*». Tale è la **Logica Passatista,**[120] che non fa mai una piega.

Noi, come funzionari del Ministero dello Spirito, siamo chiamati a manipolare opportunamente il Dogma Passatista, che è in breve la assolutizzazione fiduciosa di tutto ciò che è *"Più Recente"*.

Non sempre infatti le nostre iniziative saranno benvenute, ma con questo dispositivo è facile mettere alle corde tutti i nostri oppositori politici, rimproverandoli dinanzi alla plebe di "CECITA'" circa la "INEVITABILITA' DEL CAMBIAMENTO" dovuta a imminenti "NUOVI TEMPI" inaggirabili e seducenti come la speranza dell'uomo "NELL'ALDILA'" o in un "FUTURO MIGLIORE".

Naturalmente solo noi sappiamo la verità (tutta intera), ma ci guarderemo bene dal dirla. Infatti **proprio nulla negli affari della umana specie è inevitabile o irreversibile**, ma il *Passatismo* ci aiuterà formidabilmente a rendere *inservibili* anche ottime culture che hanno servito ottimamente l'uomo e la cultura dei diritti umani in una era precedente adesso non più funzionale alla illuminata agenda del nostro ministero.

> *«Il diritto fisiologicamente non è (o non è mai soltanto) né un insieme di forme coartanti il divenire della vita sociale, né un insieme di regole autoritarie a presidio del potere costituito, non è cioè un artificio ma possiede un significato squisitamente ontologico, affonda nelle scaturigini più intime d'una civiltà e ne esprime radici e valori»*[121].

Questo - alla luce del moderno *Diritto senza Società*[122] in cui si è evoluto il vecchio diritto medievale - è un ottimo esempio di *passatismo*, cioè di "principio ormai obsoleto".

La cultura universitaria e mediatica mette in rilievo piuttosto spontaneamente tutto ciò che è nuovo, rendendo il vecchio spontaneamente inviso ai più. Pertanto il nostro lavoro consisterà soltanto nello ASSECONDARE l'orientamento antropologico emergente e vigilare affinche il *Ministero della Verità* (o "Miniver") lo spinga quel tanto che basta allorquando si frappongano ostinati intoppi (liberi intellettuali antagonisti, professori, comitati, vip, giornalisti singoli o di gruppo avversi al "Dolce Stil Novo" etc).

D'altra parte, alcune novità o aspettative potrebbero ingenerarsi nella comunità reale a causa di influenze di enti, procedure o elementi terzi al sistema dato. In questo caso bisogna almeno ostacolarne la proliferazione, attraverso adeguate <u>prassi di contenimento</u> della "infezione".

Innanzitutto, bisogna chiaramente distinguere le **Idee Diverse** dalle *Idee Organicamente Diverse,* come i **Liberi Portavoce**, dai *Portavoce Liberi e Intelligenti* di quelle idee.

Dopo averli distinti, il nostro Ministero provvede a separare gli uni in una lista bianca, e gli altri nella lista nera degli ospiti da non ricordare e non nominare giammai (e tantomeno invitare nei nostri salotti audio-televisivi). Nondimeno – e qui si insinua la nostra straordinarietà – ciò non apparirà agli occhi del popolo come "censura", dal momento che <u>le *Idee Diverse* veramente circolano liberamente nei *nostri* mezzi</u> e nella nostra società!


# DIRITTI COSMETICI

5.1 – Malgrado ogni strenuo tentativo di opporsi al Vero e al Giusto elaborato da concezioni o fazioni avversarie – e malgrado ogni nostra cura di presentarle come "cose ormai vecchie" e "superate", *il "Bene" spesso si auto-afferma in quanto "auto-evidente" ai più.* A questo punto la "rivoluzione" parrebbe essere proprio alle porte, ma non scoraggiamoci: esiste ancora uno strumento per rendere inefficace o quantomeno indebolire la luce del "Bello" che avanza: una più sistematica introduzione del ***Diritto Cosmetico.***

Sotto questa locuzione raccogliamo tutti quei diritti che si, sono autentici *diritti*, e tuttavia soltanto "cosmetici", appunto, "epidermici", cioè non in grado di intaccare la natura profonda delle cose (a noi congeniale perché da noi posta). I diritti cosmetici nascono e vengono promossi per "dare nuovo colore" ad una vecchia giurisdizione, al fine di renderla apparentemente più moderna ed accettabile per i "nuovi uomini" di Nuovi Tempi.

Buon esempio di *Diritto Cosmetico* è il *"diritto a non aggredire l'omosessuale".*

Apparentemente, tale costrutto integra e migliora una normativa che non meziona esplicitamente una problematica sociale - quella della tolleranza o intolleranza verso i gay, problematica che è sicuramente presente nella società "indisciplinata", sicché – rilevando questo "buco", il legislatore, giustamente – nel progresso degli anni – lo colma, elaborando nuovi *"Diritti Specifici"*.

Eppure in questo caso abbiamo di fronte a noi una <u>*Evoluzione Organica del Diritto,*</u> o una evoluzione "cosmetica", illusoria?

La Costituzione in effetti puniva già ogni forma di discriminazione e violenza fisica/verbale verso orientamenti diversi della "PERSONA UMANA", sanciva espressamente la libertà di culto, di gusto e di esprimere le proprie opinioni, bandiva già ogni atteggiamento censorio nei confronti di pensieri critici o *difformi* da quelli "ufficiali", ed una serie di norme di rango inferiore avveravano già nella pratica corrente il rispetto di questi alti principi costituzionali.

*A che serve, concretamente, chiamare*
*il "diritto dell'uomo e del cittadino*
*a non essere vittima di bullismo",*
**"diritto dell'uomo e del cittadino**
**a non essere bullizzato a causa dei suoi**
**orientamenti sessuali"?**
*Il dovere di manifestare pacificamente*
*i propri gusti ed opinioni,*
*è davvero diverso dal* **dovere di rispettare**
**i gusti e le opinioni di un omosessuale?**

In epoca dunque di "Straordinarie Novità" - che sempre porta seco un periodo di "Straordinaria Instabilità", il Ministero dello Spirito dovrebbe stimolare presso i ministeri a sè sottordinati, una più abbondante produzione di nuovi e cangianti Diritti Cosmetici atti a *ridefinire* molte cose della vetusta giuridiszione, in modo da "lenire" gli animi assetati di "Cambiamento", ma lasciando sostanzialmente immutato tutto l'assetto politico pre-esistente. Le sue riforme dovranno essere per così dire "ortografiche", e *se proprio rivoluzione ha da essere, rivoluzione dell'asterisco*[123] *sia!*

Una tale ipertrofica, acclamata (ed inutile[124]) attività normativa, inoltre, fungerà da *Arma di Distrazione di Massa* utile a fornire *Prezioso Tempo* al Governo Centrale per organizzare strategie più valide contro l'avanzamento di teorie politiche nemiche, tanto più scalpitanti e pericolosamente seducenti in *Epoca di Transizione.*

# IL DIRITTO DISPONIBILE

5.2 – *«Il diritto è una strumentazione messa a disposizione; la disponibilità del diritto è il connotato del diritto moderno».*[125]

Il termine "Diritto" rimanda direttamente a ciò che è "dritto" e a ciò che è storto, a ciò che è giusto o a ciò che è sbagliato, alle *Buone Pratiche della Legge* e a quelle cattive, ma tu che sei in ascolto - e che vuoi divenire eccellente funzionario del Nostro Ministero, non cadere in questo tranello!

Il diritto moderno è una strumentazione messa completamente a disposizione *dei fatti, delle persone, e dei contesti storici* in cui tali persone vivono. Il diritto occidentale è un diritto "smart", "astratto", veloce, leggero perchè vuotissimo di contenuti etici, e quindi adattabilissimo alle prassi contrattuali e commerciali che costituiscono il tessuto organizzativo della società vivente, rispetto alle quali è totalmente prono.

Questa *Nuova Logica Giuridica*, che sei chiamato a far rispettare, non **attribuisce** diritti a questo o a quello, non comanda e non guida alcunchè della società, bensì **riconosce** i "diritti" delle sue parti (posto che tali diritti, in quanto pertinenti la *Umanità*, siano rilevabili più o meno facilmente dall'umano medio).

La differenza è assai sottile, te ne parlerò qui di seguito.

Se il Diritto Moderno *attribuisse* diritti ai pedoni della scacchiera in relazione alla loro sussistenza nella scacchiera, il giorno in cui tali pedine andassero fuori dalla scacchiera, ebbene, perderebbe immediatamente di autorità e potenza, che potrebbe recuperare solo mediante un intervento "armato" che riconduca fisicamente gli outsider proprio dentro lo scacchiere, cioè entro il serto di diritti e doveri coniati *per loro* fin dalla fondazione del contratto sociale.

**Un tale diritto esiste finché può attribuire potenziali premi e castighi** ai normati, ma nel momento in cui la società non avesse più bisogno di quei premi e castighi per svilupparsi in senso positivo, allora tale Diritto decadrebbe!

Perchè? Perchè aveva attribuito agli elementi del gioco ruoli e funzioni pre-stabiliti, ed ora l'uomo, evolvendo, ha per così dire superato le categorie logiche poste a fondamento di tale diritto!

Per quanto forte, savia ed intelligente, infatti, ogni costruzione antropica è destinata ad essere superata (o distrutta) dall'uomo stesso (nel tempo).

Il diritto medievale ebbe un giorno in visione l'oscuro destino e fatale che l'attendeva, e quindi decise di farsi "smart", "moderno".

Apprese dai *Signori della Eterna Eclissi* l'arte ninja del sublime nascondimento, e a farsi piccolo, piccolissimo, svuotandosi lentamente ma inesorabilmente di ogni contenuto etico, tuttavia **riconoscendolo** più o meno prontamente ogniqualvolta fosse riapparso tra le dita della Storia.

Il Nuovo Diritto deve *riconoscere* i diritti dell'uomo e del cittadino <u>se (e solo se) l'uomo e il cittadino li rivendicano *concretamente*</u> nella vita del mondo, ma può benissimo dimenticarli, non riconoscerli e tantomeno *attribuirli* (alias *"rammentarli"),* se l'uomo ed un cittadino pigri o deboli, dimenticheranno di avocarli a sè.

Il vantaggio di questa nuova logica è duplice ed evidente.

In primo luogo, questo Nuovo Diritto manterrà la sua legittimità ontologica anche appresso un uomo divenuto totalmente altro dall'*Homo sapiens sapiens:* non avendo valori *propri,* nel nuovo eone semplicemente si disporrà a normare i valori dell'*Homo oltresapiens.*

In secondo luogo, questo Nuovo Diritto non sarà mai motore di evoluzioni positive in seno alla società che normativizza, come neppure di evoluzioni negative. Esso è *neutro, asettico, algebricamente nullo.* Manterrà tersa e impeccabile la sua faccia di bronzo persino in un mondo deragliato totalmente fuori dai binari: lungi dal riportare il treno nella sua corsia! lo farà tuttavia se (e solo se) gli uomini lo vorranno... *dichiarandolo formalmente.* Questo veramente è "giusto".

*Guardati dunque bene, oh tu ispettore del Ministero dello Spirito, a portare avanti nel mondo tue istanze "spirituali", solo perché lavori "per lo Spirito"!*

*Il Diritto che noi diamo a Te è tua propria disponibilità, e non sei mai tu disponibile a lui!*

Porre ai vertici di un sistema amministrativo nazionale o sovranazionale, impiegati adeguatamente formati a codeste Nuove Logiche del Diritto, è funzionale alla visione di un mondo che si autoaiuta <u>se e quando</u> trova la forza, la volontà o la coesione sociale per *dichiararlo,* mentre, quando non lo dichiara, degenera velocemente in inferno terrestre.

Ed ecco, se i demoni riescono ad autorganizzarsi ottimamente tra loro - tra un cocktail smeraldino ed una notte stellata sul panfilo, mentre gli angeli litigano confusamente e si azzuffano nella stalla per un piatto di lenticchie, affideresti il mondo agli angeli o ai demoni?

# DUE VOLTI

5.1 - Comunemente si ritiene indesiderabile a guida dei pianeti tutti il *Volto Oscuro di Ecate* in vece del *Volto Sereno delle Stelle*. Soltanto pochi nel corso dei secoli hanno coraggiosamente opposto all'antico ordine una domanda:
«*Che male c'è!?*»

*«Non vi è nulla di sbagliato in un uomo che vuole regolare il mondo dandogli una legge, no, nulla! La legge delle forze oscure è una* **legge***...*

*Che male c'è,
che male c'è...*

*È forse meglio vivere nel caos sotto il dominio di mille popoli, e di re e di città... sarebbe il caos anima mia. È di gran lunga preferibile un mondo dominato dalle forze oscure che ha in me Eccelso indiscusso tiranno! Un mondo dove le stelle non brillano.*

*L'umanità ha bisogno di un forte sovrano che la difenda da eventuali minacce. Che importa se appartiene alle forze oscure! No uomini non lasciate che la democrazia vi governi, anche se in nome della pace!*

*Non é infatti pace quella che avete finora conosciuto!*

*Dai tempi dei tempi molte sono state le forze che hanno tentato di estendere il loro dominio sull'universo conosciuto, É ORA DI FINIRLA CON LE LOTTE! UN SOLO POTERE GOVERNERÀ IL MONDO! Le potenze oscure vestiranno l'universo di una notte senza termine!».*

*«Io sono il Salvatore del Tempo!»*

Dal su citato sermone infernale comprendiamo abbastanza chiaramente che *Il Male, la Tirannia, l'Insipienza,* non è affatto detto si mostrino al mondo come discorsi *impresentabili,* evidentemente stupidi od irragionevoli!

Il seme della buona coscienza potrebbe trovare eterno riposo nel cristallo oscuro della ragione, immobile, congelato, protetto, irragiungibile dal sole del meriggio per sempre.

E la società che ne deriverà non è affatto detto sia altrettanto *impresentabile, evidentemente* orribile!

Potrebbe mostrarsi soltanto *velatamente* cattiva, addormentata nel sonno dello Spirito senz'altro ma tutto sommato ordinata, "serafica", a suo modo piacevole, illimitamente godibile per ben più di 100 persone!

*Hai mai vissuto*
*in tale forma di rete sociale?*
*No? E allora non giudicarci a priori!*
*Vedrai che non è così malaccio*
*come sembra!*

E poi, non è neppure detto che tu non vi stia vivendo già...

*«L'ultimo ostacolo che ancora si oppone al compimento dei miei piani presto sarà battuto.*

*Deve soltanto spegnersi l'ultimo fuoco che ancora respira nel cuore dei Popoli e delle Nazioni, il fuoco della Speranza.*

*Ad una grande guerra seguirà la povertà e poi la divisione al corteo di nuove pestilenze e carestie.*

*Restate oh uomini fermi ancora un attimo lì dove siete, nell'ateismo, nella sfiducia, nella diffidenza reciproca, nella paura, e subitanea colpirà la mia cuspide scarlatta, e prossima sarà la disfatta delle stelle!».*

L'umanità attuale corre dunque sull'orlo di un baratro, ed il motivo, anche qui, è abbastanza immediato da capire, ovvero intuitivamente semplice, sensato.

La dittatura è come il pane dei poveri: può fermentare attraverso *lieviti diversi,* ma sempre sfamerà i poveri uomini di povere società; o come una applicazione per cellulari: non importa su quale sistema applicativo la scarichi (Android, Google o Apple → la <u>Democrazia Occidentale</u>, il <u>Sistema Cinese</u> o la <u>Monarchia Iraniana</u>). Una volta installata, funziona ovunque in maniera sostanzialmente simile! *Poichè si tratta di "Applicazioni Native" il cui comitato di programmatori è unico, esperto, cosmopolita.*

La cultura occidentale ha invece la pretesa o la ingenuità di classificare «**dittatore**» quell'uomo poltico che "soffoca i privati" proibendo nel suo proprio paese, manomettendo o addirittura scassando le bucoliche regole della *Ideologia Mercantilistica,* e **"uomo forte"** quello che <u>pur non essendo regolarmente o direttamente eletto</u>[126] piace assai al cosmo di burocrati (avvocati, finanzieri, imprenditori, filantropi etc) transanazionali ed ottiene da loro una sorta di "benedizione", poichè "opera bene" blindando le celesti procedure del Mercato dalle infuocate aggressioni del popoletto locale periodicamente *socialisteggianti* cioè tendenti verso una *"illiberale... forzata redistribuzione della ricchezza".* Se, a tale scopo, scavalca e abbatte normative parlamentari e senso comune, censurando persino la libera controinformazione, costui, l'alfiere del Politically Correct, non sarà chiamato dal mainstream "dittatore", bensì "uomo deciso in battaglia", dove la battaglia è quella, eterna, del colto (di Harvard) contro l'incolto (delle università pubbliche e delle comuni scuole), del portatore della luce contro le ombre di ade, del Salvatore contro i peccatori abbruttiti da una originaria mancanza di grazia. Sarà la battaglia del pastore contro le pecore che resistono alla **giusta, periodica tosatura** (e macellazione).

Una soluzione benchè radicale a questo "slittamento sematico" dei termini "dittatura" e "dittatore" - nei nostri tempi, per i motivi suddetti, non più nitidamente astraibili dalle consuete, "necessarie" prassi socio-giuridiche e politico-sanitarie di *Malvagità del Bene* – sostenute, naturalmente, "PER IL BENE PIU' GRANDE, DEL TUTTO DI TUTTI!" – può forse ritrovarsi in un deciso *Ritorno al Passato,* e segnatamente alla flessuosità dell'ordinamento giuridico... medievale!

«La consuetudine cittadina è per la *civitas* qualcosa di più che uno strumento di regolazione di rapporti giuridici; è infatti uno strumento politico perché segno di una relativa autonomia nell'ambito del grande involucro imperiale. La lotta antimperiale dei nostri nascenti comuni dell'Italia centro-settentrionale, che occupa così intensamente la storia italiana ed europea della seconda metà del secolo XII, è innanzi tutto lotta per una autonoma *iurisdictio* di cui la normazione consuetudinaria diventava il simbolo più prestigioso e più grave.

E la Pace di Costanza del 1183, epilogo di quella lotta, è, prima di ogni altra cosa, il riconoscimento – da parte dell'Imperatore – del complesso consuetudinario cittadino come complesso normativo delle autonomie cittadine»[127].

Le *consuetudini*, lo sappiamo, sono tra le "fonti del diritto" quelle meno forti rispetto alle più prestigiose "norme costituzionali", ma a fronte di una applicazione talvolta cieca ed efferata di presunti diritti umani quali "alla Vita" o "alla Verità" in nome dei quali il Potere nazionale e sovranazionalmente regolamentato si appropria del diritto di limitare il diritto alla libertà di intere fasce di popolazione – dal libero movimento alla libera cura di sé e libera autoformazione culturale, ebbene in tali casi potrebbe essere opportuno agitare una epocale inversione di polarità contro la evidente necrosi dei principali gangli di codesta modernità, spostando il cuore della sua legge dalla suggestiva e fatale *Norma Universale* (globale, inter-nazionale) alle più antropologicamente "rozze" *Consuetudini Locali* (cittadine-regionali) adoperando le **Forze di Polizia** per difendere ed eseguire dapprima quest'ultime - immediatamente connesse ai *sentimenti* e alle *abitudini* umane locali, concretamente esistenti - piuttosto che per obbedire ad oltranza ad apparati normativi superiori incardinati in una "supernazione" che trova le sue sorgenti di legittimità in circuiti di discussione troppo esterni, esteriori, esteri.[128]

Una società che non è povera ma interiormente ricca, culturalmente dotata, non può sfamarsi di simulacri di giustizia e liberalità calati dai poli come un enorme schermo televisivo al centro del pubblico teatro; la gente può ormai riconoscere e spesse volte riconosce benissimo i fantocci della democrazia, le verità impagliacciate; essa può rifiutare i molteplici volti della *Ragione Ideologica*, i brandelli oscuri di Ecate, ed in nome dell'amore optare per il **vivo sostegno** della <u>Comunità Reale Intorno a Noi</u> che prima di ogni altra cosa è locale, soltanto occasionalmente di sapore universale ma sempre fedele specchio di un cielo pieno di stelle.

# Conclusione

*"Obbedienza come Male nella Cultura dei Diriti Umani"* significa che se hai vera cultura dei diritti umani, aderisci ad essi spontaneamente, totalmente, con tutto te stesso. Non solo non ne infrangi le norme, ma le difendi, e non solo sul piano teorico, ma in famiglia, nel dibattito con gli amici, in ogni angolo della società. Questo fa un uomo adeguatamente formato alla Cultura dei Diritti Umani.

E poiché si parla di DIRITTI UMANI FONDAMENTALI ed in un certo qual modo "SACRI", un tale uomo ne perorerà la causa, se occorre, persino illegamente! Ne vale non tanto del **Diritto** in sé, quanto della sua propria **Umanità** come dell'**Onore** - se non della sopravvivenza - della specie cui appartiene!

Un tale uomo non ha bisogno di "obbedire" alle norme sui "diritti umani" riportati in qualche autorovelissima pergamena o Costituzione, perché ne ritrova già tutto il codice niente poco di meno che nel suo codice genetico, sicché guarda con pietà e come uomo di specie purtroppo inferiore, un qualsiasi altro uomo che abbisogni di multe prediche e minacce per praticare il basilare amore e rispetto verso l'essere umano che gli si para accanto e di fronte.

*Un Diritto senza Umanità*

*non ha diritto di essere obbedito,*

*come una Umanità senza Onore*[129]

*non difenderà mai alcun diritto*

*(neppure i "diritti umani"!)*

*"Obbedire ad una Vera Cultura del Diritto"* è possibile – lo si è sempre fatto in questi 2000 anni di Storia dell'Occidente! Tuttavia, se devi ricorrere al manganello della legge e dell'obbedienza per FAR RISPETTARE IL DIRITTO DEI DIRITTI - quello dei *Diritti Umani* - ciò tradisce il fatto che hai a che fare con una società non ancora cresciuta, immatura: è una società-bambina che ha bisogno delle istruzioni di una tv accesa h24 per *comportarsi bene* ...come i cani da pastore che "aiutano" il gregge ad andare dritto e a non deviare né troppo a destra né troppo a sinistra. In tale società di pecore e cani, l'obbedienza è bene; ma in una società che sfarfalla adulta fuori dalla crisalide, il ricorso alle vecchie forme di persuasione, paura e obbedienza a perseguimento della *Giustizia Universale*, sarà considerato "Male", un "difetto"

di archiettura che oscura le fondamenta della *Civiltà* stessa, generando inquietudine e preoccupazione sociale per una *Cultura del Diritto* così vergognosamente carente negli strati fondativi e centrali della popolazione e del mondo.

I DIRITTI UMANI SONO AUTOEVIDENTI.

Come il sole brillano al di là di ogni spesso bancone di nebbia; li riconosci perchè serve davvero poco, pochissimo per far innamorare di sé intere generazioni, che essi riscaldano.

Ma se devi proprinarli più e più volte nei programmi televisivi di *ogni* fascia oraria, in tutti i tg attraverso "esperti" che tutti devono a tutti i costi credere Papi e angeli, freddamente, meccanicamente scesi dal cielo per noi, nei cartelloni per strada, nelle aule scolastiche e negli articoli più minuti della legge - restaurando persino il medievale diritto di censura da parte di una inquisizione cibernetica al fine di "PROTEGGERE DIRITTI UMANI FONDAMENTALI QUALI LA VITA, LA LIBERTA' E LA VERITA' *(oltre al danno persino le beffe!)*" - probabilmente non siamo di fronte ad una operazione di <u>formazione ed elevazione</u> del genere umano, ma ad una di <u>inculturazione ed abbruttimento</u> dell'essere umano!

UNA CULTURA DEL DIRITTO COSI' IMPOSTA/MALPOSTA, NON E' MAI VERA CULTURA, neppure se si trattasse della cultura di Dio in persona!

Avevamo infatti concluso – noi come specie umana, con l'inizio dell'Epoca Moderna, nel Settecento - che tra gli uomini nel mondo non ve n'erano poi così tanti di talmente saggi ed illuminati cui affidare *"Il Tutto"* ...non lo erano ahimè gli uomini di Chiesa, e allora - spostato e donato tutto il potere politico alle aristocrazie LAICHE - ahinoi neppure i *"Sovrani Illuminati"* si rivelarono tali, dunque appunto convenimmo che la verità andasse "costruita" *democraticamente*, coadiuvata tale opera da parlamenti locali e leggi nazionali che fossero <u>autentica espressione dello SPIRITO DI UN POPOLO</u>.

Questa fu l'acquisizione e la conquista della civiltà.

*"Obbedienza come Male nella Cultura dei Diriti Umani"* significa che, dopo aver gettato le basi, arriva sempre il tempo – ed è questo – di **rispettare l'umanità per quello che veramente è**, e non di provare ossessivamente a modellarla ad immagine e somiglianza dell'illustre comitato di turno che pretende di essere "obbedito" a motivo di certi presunti titoli universitari e

di quel principio medievale, mai autenticamente verificato, della "dovuta" obbedienza alla "Legge"[130].

*Sappiamo benissimo quali sono i diritti umani, e non sono i vostri!*

Il *"Libero Mercato"* non lo è; non lo è il *"Pareggio di Bilancio"* e non lo è il principio di *"Indipendenza* (dalla democrazia!) *di una Banca Centrale".*[131]

Saggi Stolti! Perchè piegate l'essere umano alle vostre strambe concezioni del "diritto"! Non ricordate che **non esiste un solo DIRITTO, una sola FILOSOFIA ed una sola ECONOMIA possibile, come neppure una sola RELIGIONE?**

*Se sapete questo ma operate sistematicamente in senso contrario... fermatevi blasfemi ed impostori!*

I paradigmi culturali rispondono a visioni che naturalmente sono sempre molteplici, incontenibili, e l'umanità ha pieno diritto di adoperarli in alternanza o anche tutti insieme in DIVERSE parti del mondo se e quando le necessità della storia ovvero il raggiungimento del benessere organico del popolo locale, lo richiede...

*Un <u>Diritto Funzionale</u> è un diritto "elastico", "diversificato", adatto alla cultura su cui impera,* perciò <u>non può essere UNO</u>, perché le culture e le tradizioni locali normalmente sono sempre molte e varie.

Sebbene il sintagma "Diritti Umani" adombri, purtroppo per se stesso, una sorta di cultura unica propria dell'umanità unica, il mondo non dovrebbe subirne passivamente il fascino in esso racchiuso, che è sinistro!

Prestando sistematicamente ascolto a tali sirene, allorchè sostanzialmente immaturo dal punto di vista emotivo, sociale o spirituale, potrebbe nel tempo prestare il fianco ai propositi di instaurazione di un IMPERO UNICO GLOBALE atto ad "appagare" questo fantomatico "Diritto Unico Mondiale" senz'altro sempre orbitante nella *Comune Mentis* come il presunto "Regno dei Cieli", ma che qui sulla terra totalmente "Santo e Giusto" ovvero *adatto* a tutte le genti di tutte le epoche storiche di tutte le le latitudini - non lo sarà mai! (a meno di non annientare con molteplici virus metà popoli e idiomi di questo pianeta).

Oh abbaglianti cavalieri dei *Diritti Umani Globali*, attenti a voi!

Se proprio la fiamma della Verità Universale vi divora, SCRIVETE SULLA PIETRA E PONETE IN CIMA AL MONDO SOLTANTO I

<u>COMANDAMENTI DI DIO</u>, GIAMMAI <u>REGOLE DI MERCATO</u> E <u>TEOREMI POLITICI</u> SPACCIATI COME "DIRITTI UMANI FONDAMENTALI"!

E' vero, alcuni diritti umani sono per loro propria natura "internazionali" o sovranazionali, ma emanati da entità acerbe come l'UE o il WTO sottratte a procedure di controllo democratico "dal basso" nonchè di **elezione diretta** dei vertici di sistema, in verità - pur scritti con gergo altisonante – tali "Nuovi Diritti" sono lontani anni luce dalle VERE ED ULTIME FONTI DI LEGITTIMITA' DI UNA LEGGE: il *Popolo Umano Locale*.

Solo esso su questa umana Terra è sovrano. Neppura il Budda, neppure la vostra legge.

# Bibliografia


◇ Pietro Barcellona, *Diritto senza Società*, Edizioni Dedalo srl, 2003

◇ Hannah Arendt, *La Banalità del Male*, Feltrinelli Editore Milano, 1964

◇ Noam Chomsky, *Media e Potere*, Bepress Edizioni, 2014

◇ M. Gandhi, *Teoria e Pratica della Non-Violenza*, Edizioni Einaudi, 2006

◇ Paolo Grossi, *L'Ordine Giuridico Medievale*, Editori Laterza, 1995

◇ Roberto Esposito, *Bíos, biopolitica e filosofia*, Einaudi, 2004

◇ Cesare Beccaria, *Dei Delitti e delle Pene*, Edizioni BUR, 2001

◇ J. Dewey, *Il Pubblico e i suoi Problemi*, La Nuova Italia Editrice, 1971

◇ D. Demichelis, A. Ferrari, R. Masto, L. Scalettari, *No Global – Gli inganni della globalizzazione sulla povertà, sull'ambiente e sul debito*, Editore Zelig, 2001

# Sitografia

- scenarieconomici.it
- www.secoloditalia.it
- www.ilfattoquotidiano.it
- www.corriere.it
- magazin.spiegel.de
- www.wikipedia.it
- www.ansamed.info
- epochtimes.it

Grazie per la compagnia
Restiamo in contatto!
https://[1]permaculturaorganica[2].[3]info[4]
https://gesuredi**catania**.t.me
https://gesuredi**sicilia**.t.me
https://gesuredi**talia**.t.me

---

1. https://permaculturaorganica.info/

2. https://permaculturaorganica.info/

3. https://permaculturaorganica.info/

4. https://permaculturaorganica.info/

[1] Cfr. Antonio Cassese, *"I Diritti Umani Oggi"*, Ed. Laterza 2007, p. 181

[2] Il documento stilato dal Governo Conte su come utilizzare i soldi del Recovery Fund, dichiara esplicitamente le seguenti finalità: *"facilitare una transizione verso una cashless-community, potenziare i sistemi di video-sorveglianza sui cittadini, mettere in orbita una costellazione di satelliti 5G, realizzare una schedatura sanitaria dei cittadini, studiare i differenti stili di vita delle persone ed impostare politiche di prevenzione quando la gente dovesse decidere di non seguirle, potenziare il contrasto alle fake-news"* etc.

Il documento integrale è stato pubblicato su *"ll Corriere della Sera"* il 17 settembre 2020, ed è ancora consultabile al seguente indirizzo:

https://www.corriere.it/economia/lavoro/20_settembre_14/recovery-fund-tutti-557-progetti-ecco-documento-integrale-d3bef9a0-f5e6-11ea-9237-257205f52e6d.shtml.

Consta di 28 pagine e 557 progetti, perciò è molto difficile che qualcuno del popolo lo analizzi tutto, tuttavia è possibile. Chi lo ha fatto, ha scorto tra le righe, nero su bianco, straordinari propositi che alludono ad una efferata stretta da parte del governo centrale nazionale (italiano) e sovranazionale (unionista) sulle abitudini ed i comportamenti degli individui, ma... *chi controlla i controllori?*

Le più avanzate tecnologie della comunicazione donate dalla Storia agli uomini, pare in questo preciso momento storico si stiano allineando per allestire non proprio la "lotta finale" contro la criminalità internazionale, quanto il "controllo finale" di tutta l'umanità in sé.

[3] Cit. Antonio Cassese, *I Diritti Umani Oggi*, Edizioni Laterza, 2007, p. 181

[4] Il parlamento francese ha di recente discusso e approvato una legge che vieta al popolo di riprendere i poliziotti "in azione", come se i loro interventi "senz'altro vergognosi" dovessero essere nascosti agli occhi del popolo e quindi sottratti al controllo che ogni POPOLO INFORMATO E CONSAPEVOLE legittimamente esercita su chi lo governa.

Il parlamento tedesco ha di recente discusso e approvato una legge che consente in fase di fabbricazione, l'implementazione in ogni cellulare di un virus "delicato" - un "troyan" - idoneo a "monitorare" all'occorrenza la attività di tutti i tedeschi sui propri apparecchi telefonici. Perchè? *"Perchè potrebbero essere criminali"* e *"la Nazione si deve difendere".*

Vero è che ogni legge può sempre essere modificata e "decadere", ma - come le scorie radioattive - i tempi di decadimento quando si parla di norme sono solitamente abbastanza lunghi... esse sono quindi la migliore e più sintetica rappresentazione dello Spirito di un Popolo o di una intera Fase Storica, e tali produzioni ci annunciano indubitalmente l'avvento (o il *potenziale* avvento) di un periodo oscuro o di luce per l'umanità locale o transnazionale...

[5] Al fine di "immunizzare" la biopolitica dalle "incursioni barbariche" proprie della <u>volontà locale popolare</u>, sarà cura dei "biopolitici" imbastire regole ed ordinamenti utili a sottordinare le Costituzioni nazionali a "enti terzi indipendenti" (dal Popolo e dai parlamenti locali). Se il tentativo riesce, i "democratici" moti di protesta popolare scorreranno nei secoli venturi sui binari sanciti non dagli uomini stessi e dai rappresentanti democraticamente eletti, ma da un "Bios" proveniente dall'alto, da nubi così alte, sante e irraggiungibili da credere veramente, nel tempo, che la luce filtrata da esse sia espressione massima de "La Vita", mentre in realtà era soltanto un altro schema umano - uno fra molti possibili - imposto alle società da pochi uomini più colti o più furbi o più possidenti ed organizzati degli altri.

[6] Ancora nel Terzo Millennio la "obbedienza" ad un insieme di leggi e legislatori è il vero ed ultimo fondamento del modello di convivenza civile! Non è un concetto "medievale" o mandato "in pensione" a causa del grande "progresso intellettuale dell'umanità"!

Essa viene ancora esatta dal Sistema, e oggi persino di più! Dovrà trattarsi di una obbedienza più umile, fedele, amorevole, più fiduciosa che nel passato, perché *"oggi ne va della nostra stessa vita"*, come se l'umanità non fosse avanzata moltissimo eticamente e spiritualmente negli ultimi 50 anni, ma con l'avvento di internet fosse addirittura regredita ad una cozzaglia di stupidi creduloni e di cavernicoli, tanto da esigere la evoluzione dei vecchi politici in "biopolitici" o "fantagenitori", che si permettono adesso anche di limitare la libertà di esprimersi e di argomentare sul web perché "nel diritto della vita", "dalla parte della Vita" e cioè del "biodiritto".

[7] E' assolutamente ovvio che gli articoli 123, 124 e 125 del *"Trattato di Funzionamento dell'Unione Europea"* (TFUE), sarebbero bocciati da qualunque parlamentare, e approvati solo da pochi arditi intellettuali che, per quanto raffinati – o proprio perché raffinati – sono sempre naturalmente pochi!

Un referendum sparazzerebbe via in un lampo simili articoli "indecenti" per qualsiasi democrazia o cittadino di sinistra minimamente dotato di buon senso nonché correttamente infarinato di nozioni basilari di macroeconomia. E tuttavia... essi esistono, tali articoli dimoranti su uno scanno di carta promanano il loro lezzo su 27 interi grandi paesi indisturbati da ben 20 anni!

[8] Tratti abbastanza comici assunse la vicenda cipriota all'indomani della crisi del 2013 [cfr. https://scenarieconomici.it/la-crisi-di-cipro-i-reali-motivi-del-collasso].

I pover'uomini di Cipro fecero ricorso contro le decisioni dell'eurogruppo assolutamente per tempo, ritenendolo responsabile dei nefasti risultati economici conseguiti dal gruppo. Ma esso <u>è per statuto un *"gruppo informale"*</u>. Allora fecero ricorso contro le decisioni prese dall'eurogruppo nella sessione successiva a quella informale. La corte non potè non respingere pure il secondo ricorso, perché *le decisioni assunte dall'eurogruppo in sede formale, erano state effettivamente discusse e maturale soltanto in quella informale!* Insomma, l'eurogruppo era logicamente "responsabile" ma allo stesso tempo, per una sublime piroetta giuridica, anche irresponsabile! E come si arrivò a far ingoiare a Cipro questo rospo? Con il seguente valzer di austriache memorie: "è ovvio che l'eurogruppo proceda sempre nel pieno del Diritto, ed oggi... in UE... - dentro una entità giuridica così civile, nobile, democratica - è impensabile se non offesivo pensare che possa accadere il contrario!".

Anche se con l'avvento dell'UE il paradiso scenderà certamente in terra, "MEGLIO SCRIVERLE – E BENE – CERTE COSE, INVECE DI PROCEDERE PER FEDE!" si potrebbe concludere oggi a morale della favola!

Qualcosa di simile avvenne poi in Italia durante la trattativa di riforma del MES 2020. Anche qui il Governo Italiano procedette per tempo a opporre il suo veto, ma non trattandosi di discussioni **formali**... *"era un veto inutile"*, salvo confermare la riforma nelle sessioni successive, formali, dal momento che il lungo e faticoso <u>lavoro di elaborazione delle Nuove Norme</u> era stato "già" fatto e si era proprio "lì lì in procinto della firma". *"Vuoi gettare proprio adesso tutto alle ortiche, sciocco insensato fannullone antieuropeista?".*

In tutti questi casi vediamo il diritto europeo fondarsi nella realtà concreta come *Diritto Cognitivo* – valevole cognitivamente soltanto presso alcuni agguerriti "devoti" - più che come diritto tradizionale fatto di **regole e prassi trasparenti, *condivise* ed inappuntabili... formali!**

[9] Eppure, la crisi greca del 2009-2011 che tante disgrazie ha dato al mondo [cfr. https://www.ansamed.info/ansamed/it/notizie/rubriche/cronaca/2014/02/17/ Crisi-Grecia-aumento-numero-bambini-abbandonati_10089042.html], non è avvenuta nella modernissima europa di Maastricct entro un munifico *"Patto di Stabilità e Crescita"*?

Ridurre la "culla" della cultura occidentale (la Grecia) in una concimaia, è *"Stabilità e Crescita"*? *Di chi?*

Neppure durante la **seconda guerra mondiale** la Grecia andò in DEFAULT, ma **dentro l'UE** *"che ci protegge"*...si! Perciò... *siamo in guerra?* Se si, contro chi o cosa, esattamente?

[10] **La Germania è uno Stato Sovrano.**

La Germania è dentro l'UE *come l'Italia,* ma diversamente dall'Italia la Germania è uno Stato sostanzialmente Sovrano, dal momento che attraverso adeguata norma di legge, il parlamento tedesco ha dichiarato unilateralmente di ACCETTARE L'ORDINAMENTO EUROPEO SOLO LADDOVE NON CONFLIGGESSE CON LA COSTITUZIONE TEDESCA. Di conseguenza, il paese istituisce una speciale sezione di Giudici Tedeschi idonea a vigilare affinché le *Leggi Unioniste* non entrino mai in collisione con le *Leggi Veramente Legittime* che sono quelle della *Costituzione Locale* voluta dal *Popolo Locale.*

*«Te infatti che ne sai di quel che succede nel mio condomio? Non ci vivi! E vuoi legiferare su di esso?»* si potrebbe argomentare.

Con la Germania abbiamo dunque si un paese che *"per fare parte di una Unione Superiore ha ceduto quote di sovranità ad Enti Terzi Indipendenti",* ma non bisogna mai dimenticare che tale paese ha anche ridotto questa cessione di sovranità alla misura minima o massima logicamente accettabile.

Ciò che non è avvenuto in Italia.

In Italia anni or sono il governo Monti spinse il parlamento italiano a ratificare una serie di norme di segno opposto a quella tedesca [**legge 15 dicembre 2011, n. 217** in materia di *"Disposizioni per l'adempimento di obblighi derivanti dall'appartenenza dell'Italia alle Comunità europee"* - Legge comunitaria 2010. (12G0001) (GU n.1 del 2-1-2012)] la cui sintesi è la seguente: "ACCETTEREMO LA COSTITUZIONE ITALIANA SOLO LADDOVE NON CONFLIGGE CON L'ORDINAMENTO EUROPEO" (e allora si dice che la Costituzione Italiana è "sottordinata" o "sub-ordinata" rispetto alle Regole Europee, e, correlativamente, che l'Ordinamento Unionista è "sovraordinato" rispetto alla Costituzione Locale).

Pertanto oggi l'Italia è si dentro l'Unionismo Blu proprio come la Germania, ma non proprio come la Germania in termini di libertà ed autonomia del *Popolo Costituente* rispetto a precetti o *Interessi Sovranazionali.*

Osserveremo infine che le Legislazioni Sovranazionali o Internazionali non sono illegittime od antidemocratiche in sè stesse, a priori, anzi anche quando redatte da "Enti Terzi Indipendenti" ignoti e di origine spuria con esiti impopolari o poco trasparenti dal punto di vista democratico, potrebbero ugualmente volgere a supporto dei diritti locali-nazionali talvolta lacunosi, tuttavia **ad una e ad una sola condizione**: che l'ordinamento più "piccolo" (locale-nazionale) sia sempre ed in ogni caso *sovraordinato* rispetto all'ordinamento più "vasto" (sovranazionale o internazionale), e giammai il contrario!

A ben pensarci... potremmo disquisire sul fatto che presso <u>tribù *giovani* che si dilettano a redigere *Costituzioni*</u>, può forse essere lecito "sovraordinare" la loro novella "preseuntuosa" Carta Costituzionale a Regole ed Ordinamenti Esteri "Più Maturi", ma nel caso Italia non abbiamo a che fare con una "giovane tribù", bensì con un popolo che duemila anni fa ha esportato il suo proprio diritto (romano) in tutto il mondo (barbaro)! Francia e Germania incluse!

IL DIRITTO ITALIANO MERITA AUTONOMIA ed **indipendenza** rispetto all'apparato normativo unionista! Come la Germania, almeno!

[11] In questa Nuova Età dare un *fondamenmto eticamente legittimo*, inoppugnabile alla Legge o Costituzioni laterali, è impresa di importanza *marginale,* giacché è evidente che *<u>le leggi e gli apparati che le producono funzionano finché vengono rispettati</u>!* ed è altrettanto evidente che le masse, oggi più che mai, le rispetteranno sempre! Per motivi di cui poco più innanzi narreremo, oggi i Popoli non possono non rispettare attentamente le leggi su di essi poste, pur emanate da un principe che è, in tutta realtà, un ranocchio!

[12] ...Tuttavia Francia e Germania tennero e tengono tutt'ora ben stretta nelle proprie mani almeno UNA BANCA PUBBLICA!

[13] Ciò sembra una assurdità new age propria di eccessiva ingenuità e "fantasia spirituale" - salvo poi notare la pedissequa applicazione del concetto niente poco di meno che nella gestione dei BILANCI DEGLI OSPEDALI PUBBLICI italiani.

Il tema è stato sempre scottante, in Italia ha storicamente generato cause su cause e ricorsi contro ricorsi.

Per risolverlo, in questo Nuovo Tempo si è coniata la formula "BILANCIO ORALE".

*No non è uno scherzo! Ne parla abbastanza spesso nei media pubblici il senatore Morra, che data la inopportunità del fatto ne ha fatto una propria battaglia parlamentare.*

Non dovendo più tenere <u>nulla di iscritto</u>, i dirigenti ospedalieri si sentono adesso "finalmente liberi" di decidere come spendere i fondi pubblici (essi sono "esperti" e "scienziati", no?) e sono oggettivamente maggiormente al riparo dalle sempre troppo abbondanti cause per "spreco" o "corruzione" intentate da questo o quel "invidioso ficcanaso": <u>non devono più rendicontare *materialmente* nulla</u> né ai veritici superiori dello Stato né al primo committente: il POPOLO SOVRANO.

MANCA UN BILANCIO **SCRITTO!**

O almeno... esso potrebbe ancora esistere in qualche cassetto e alcuni "buoni" professionisti potrebbero redigerlo e persino pubblicarlo (se vogliono), ma da parte sua LA LEGGE NON NE IMPONE PIU' ALL'OPERATORE LA REDAZIONE & PUBBLICAZIONE. *"Libertà libertà libertà!"*.

Dalla sempre troppo severa aritmetica.

Con ciò abbiamo in realtà una ulteriore manifestazione del *Diritto Cognitivo,* come diritto che mira a stare più nella testa delle persone che sulle pergamene – e che si edifica sulla fiducia indiscriminata delle persone presso le quali si invera *("se è il caso"),* piuttosto che verificarsi "scientificamente" ed in tutte le circostanze nelle classiche aule di giustizia, attraverso insindacabile documentazione scritta.

[14] Ad esempio, l'EMA *("Agenzia Europea del Farmaco")* è finanziata per l'86% dalle stesse aziende farmaceutiche che dovrebbe controllare. Questa non è una "teoria del complotto", ma un dato di fatto rilevabile nelle procedure organizzative date e festosamente manifeste dall'ente stesso, che, peraltro, sono razionalissima, indefettibile, quasi ammirabile conseguenza dell'impianto liber pan-europeista che celebra un <u>ruolo dello Stato valorialmente nullo</u> ma strumentamente servile all'iniziativa privata *in ogni ambito. E perciò... se il privato è posto a guardiano di un interesse pubblico/statuale, ebbene, in ciò l'unionista blu non registra alcuna contraddizione logica interna!*

Qualcosa di simile accade a livelli ancora più alti, poichè il maggior finanziatore dell'OMS – istituto che dovrebbe garantire niente poco di meno che la *"Salute del Globo Terrestre"* - è niente poco di meno che una fondazione privata che si occupa essa stessa di comprare e vendere medicine e medicamenti in tutto il mondo! Nel frattempo, i sublivelli nazionali (ad es. AIFA) ricevono istruzioni e dall'EMA e dall'OMS.

Ora, se <u>il Controllore assume lo stipendio dal Controllato</u>, eserciterà *imparzialmente* il suo lavoro di Controllore?

Logicamente, no. Spieghiamo l'ovvio: se *<u>il finanziamento ad imprese pubbliche o private deve essere sempre libero</u>* (secondo il dogma liberalista), il giorno in cui il finanziatore – che è *Il Controllato* – si senta "tormentato" dal Controllore per via di standard qualitativi troppo alti, oggettivi o neutrali, *non essendo il finanziatore in alcun modo obbligato al finanziamento* (come pretende il dogma liberalista), verosimilmente dirà: "Guarda che io ti licenzio! Hai capito? Qui faccio chiudere tutta la baracca!".

Come pensate replicherà *Il Controllore?*

Se poi il controllore riceve dal controllato non solo un lauto **stipendio**, ma persino **onore**, fama, pace e prestigio sociale, ebbene... possiamo ragionevolmente presumere – secondo umane categorie di funzionamento della socialità comune o dell'umano pensiero - che il guinzaglio d'oro che lega Controllore e Controllato, non si allenterà mai (o solo in caso di rischi o disastri più che *evidenti... quasi imminenti!* Ritornando alla lunghezza standard un attimo dopo).

E come mai una architettura normativa così visibilmente distorta sussiste invisibile agli occhi di eminenti politologi e laureati ad harvard?

*A causa del Diritto Cognitivo!*

Talune costruzioni giuridiche infatti attingono il loro fondamento non in un diritto migliore calcificato da qualche parte, ma in una *totale presunzione di essere nel diritto*, nella fede che *"tutto filerà dritto"* a causa di *"come stanno davvero le cose"*, la quale fede dovrebbe autosostenersi con l'aiuto della "ecclesia", la plebe "orante" che crede, credette e crederà in quel diritto sempre, costi quel che costi (*"what every takes"* spiegò Mario Draghi).

*Se infatti le masse giacciono in un sogno 'si bello, perché non concedere ad esse un tale sogno, pur totalmente irrazionale?*

L'umanità, per certo sapioliberismo, non ha il diritto di inventare e di organizzare le sue proprie istituzioni **come crede?**

[15] Simile alla "banca delle banche", sarà la *Costituzione Centrale* (sovranazionale o mondiale) che conia per tutte le altre carte costituzionali local-popolari la misura dei valori da esse perorati.

[16] La tecnologia del digitale, come ci informano i decreti contiani di applicazione del Recovery Fund, coadiuverà tale aspirazione "dei popoli europei"!

[17] I regolamenti di Basilea nonché gli arriornamenti al Trattato MES, sono un inno alla logica : "

[18] «*Se si ammette che <u>una sola forma d'organizzazione economica può soddisfare pienamente le esigenze sociali</u> e che un solo paese, fra tutti i popoli della Terra, ha attuato in misura adeguata quel sistema, viene a porsi un problema pratico che domina*

*e ottenebra ogni altro»*, poiché *«s'identifica con quel regime al quale giustamente si applica il nome di "TOTALITARISMO"»* [cit. J. Dewey, *Il Pubblico e i suoi Problemi*, La Nuova Italia Editrice, Firenze, 1971, pg. IX].

[19] Cit. Mario Draghi (presidente del Consiglio italiano 2021) – discorso al *Museo della Liberazione* di via Tasso, Roma, in occasione della celebrazione del 25 aprile 2021.

[20] Malgrado non sembri, *«è pur sempre una fede metafisica quella su cui riposa la nostra fede nella scienza»* [cit. F. Nietzesche, *La Gaia Scienza*, par. 344].

[21] Cit. J. Dewey, *Il Pubblico e i suoi Problemi*, La Nuova Italia Editrice, Firenze, 1971, pg. 1.

[22] *Ibidem*

[23] Se a favore di un gerarca nazista in pensione molti avvocati sollevarono obiezioni ragionevolissime del tipo: "a che serve praticamente, oggi, che l'uomo è vecchio e malato, processare Eichmann?", "Eichmann non è condannabile in base ad una legge che non esisteva all'epoca in cui visse e crebbe!", "Eichman prelevando gli ebrei dalle loro abitazioni private e deportandoli in campi di concentramento, non ha offeso l'umanità in sé, ma solo e soltanto il popolo ebraico!" tuttto ciò può voler dire una cosa: **la Legge non ha nessuna stella polare e nessun senso *interno*, finché l'uomo stesso non si decide a donarLe queste cose!** [cfr. Hannah Arendt, *La Banalità del Male*, Feltrinelli Editore Milano, Ottobre 1964, pg. 261].

[24] Correlativamente, un organo di diritto internazionale che dice a tutti i Popoli e a tutte le Nazioni cosa è *Umano* e cosa non è, sarebbe giusto, sarebbe *legittimo?*

Un organo sommo che rivela a tutto il mondo i *Diritti Umani* propri di tutti gli uomini di tutte le latitudini e di tutti i tempi, e quindi tutta La Verità... esiste già! Ed è la Assemblea di Diritto Pontificio che comunemente prende il nome di "Santa Chiesa Cattolica".

[25] Ecco, per un ordoliberista o "turbocapitalista", il "preoccupantissimo" e "rivoluzionario" ...mai (o raramente) applicato art. 43 della Costituzione Italiana, che al giorno d'oggi risulterebbe invero "insopportabile" come il sole nel deserto se traslato in una costituzione continentale o mondiale, poiché verrebbe interpretato come il freno finale ad ogni avida, inarrestabile attività predatoria globale, contro la quale governi e società civili inveiscono da decenni! *«A fini di **utilità generale** la legge può riservare originariamente o trasferire, mediante espropriazione e salvo indennizzo, allo Stato, ad enti pubblici o a comunità di lavoratori o di utenti,*

*determinate imprese o categorie di imprese, che si riferiscano a servizi pubblici essenziali o a fonti di energia o a situazioni di monopolio ed abbiano carattere di **preminente interesse generale**».*

[26] Nella mitologia greca Chirone era un centauro colpito da una freccia avvelenata. Il centauro non ne morì! Tuttavia neppure ne guarì. Fu dunque costretto per tutta la vita ad AUTOLENIRSI costantemente afflitto da un male che, trascurato un attimo, sempre riafforava alla coscienza!

*Come un tormento.*

I trattati UE e in particolare gli articoli TFUE sopra citati, sono una risposta – si spera definitiva – a questo *Antico Tormento* di alcune società od aziende europee.

Tali trattati sono la benda medicamentosa che dovrebbe "tutelare" il corpo sociale dal <u>pericolo sempre incombente della *Libertà Intrinseca di uno Stato*</u>.

Gli art. 123, 124, e 125 del TFUE proibiscono dunque con verga di ferro agli Stati associati, di cadere nella "tentazione" socialista o keyneasiana di INTERVENIRE CON MANO DI FERRO NELLE ECONOMIE NAZIONALI. Ad un temperamento atavico quasi congenito all'esistenza stessa degli Stati Nazionali – quello di "pensare in proprio" e di "agire per conto proprio" onde intercettare i bisogni storicamente transuenti del **proprio Popolo**, si è perciò opposto un "piccolo fiore" fatto di 3 petali soltanto come norme distinte pendenti dal medesimo fusto, gracili e sbiadite in se stesse tuttavia intoccabili ed inestirpabili in quanto piantate nei campi elisi, ai piedi del giardino degli dèi onnipotenti (gli eurocrati).

Infatti la politica-economica socialisteggiante adottata dallo Stato italiano per ben 50 anni dal secondo dopoguerra, è chiaro che **non condusse l'Italia allo sfacelo**, anzi, grazie ad essa assurse al ruolo di QUARTA POTENZA INDUSTRIALE MONDIALE. *Con quale metodo raggiunse questo mirabile risultato? Risposta: con quello stesso metodo oggi proibito dai trattati UE!* In nome di quale ideologia da sogno l'Italia si taglierà una gamba da sola? In nome di una economia di mercato "fortemente competitiva" (cfr. art. 2 TFUE).

Gli eurocrati, quindi, propongono per gli Stati associati <u>un metodo di sviluppo socio-economico "altro"</u> di cui negli ultimi 20 anni nessun celebre economista ha registrato esiti evidentemente buoni *per il ceto medio europeo in generale e per il ceto medio **italiano**, **greco** e **spagnolo*** in particolare (mentre, però, ha sicuramente premiato il ceto medio **tedesco e belga**!).

[27] Cit. Paolo Grossi, *L'Ordine Giuridico Medievale,* Editori laterza 1995, pg. 13

[28] Esiste una particolare classe di oggetti denominata "OOPARTS", dall'acronimo inglese *"Out of Place Artifacts"*, che significa "manufatti fuori posto".

Si tratta di oggetti di difficile collocazione storica, reperti fossili, archeologici o paleontologici (materiali, strumenti, tecnologie – ad es.

https://m.epochtimes.it/news/impronte-umane-di-57-milioni-di-anni-fa-duro-colpo-allevoluzionismo)

che per la scienza convenzionale *"non dovrebbero esistere"* entro la datazione che la strumentazione ufficiale attribuisce loro, sicchè, nell'attesa che la *scienza futura* spieghi gli incredibili controsensi, la *scienza attuale* preferisce **dimenticarli sordidamente** omettendone completamente l'esistenza nei testi scientifici e didattici di riferimento.

Ciò accade in base a quel PRECONCETTO CONGENITO alla psiche umana secondo cui *"il presente deve essere più evoluto, più tecnologico, più moderno, più giusto rispetto al passato! Questo è poco ma sicuro!"*.

[29] Cit. Paolo Grossi, *L'Ordine Giuridico Medievale*, Editori laterza 1995, pg. 7

[30] Cit. Ibidem, pg. 14.

[31] Cit. Hannah Arendt, *La Banalità del Male*, Feltrinelli Editore Milano, 1964, pg. 113

[32] Ibidem

[33] Difficile dire quale sarà quest'atto che renderà nudo il dittatore. Può essere un broglio elettorale malriuscito, un diritto umano incautamente calpestato, una cultura sublocale sottovalutata e tradita etc...

[34] Attenzione! Occorre precisare che su questa Terra (la quale, quand'anche fosse un paradiso, formalmente non è e non sarà mai il *Regno di Dio*, ma solo uno speculum del *Regno degli Uomini*) non è la violazione delle norme etiche "universali" o "divine" che decreta per un dittatore l'ingarbugliamento o perdita di serenità della sua propria vita terrena, ma soltanto una semplice, sfortunata, quanto SISTEMATICA ESIBIZIONE DEI SUOI ABUSI DI POTERE, dinanzi agli occhi del popoletto a lui sottordinato, il quale può essere paralizzato dalla paura si ma... *non potrà vivere spaventato per sempre! Mentre alla miseria può pure drammaticamente abituarsi, alla paura no! Alla paura tende ad assuefarsi e tende per ancestrale spinta ontogenetica a superarla!* Ciò per cui dopo aver occupato

militaralmente un dato territorio **è di vitale importanza sostituire le testate giornalistiche precedenti con le tue**, guidate da uomini liberi si, sempre liberissimi! Ma *scelti da te.*

*Tali testate avranno lo scopo di gettare sulla massa spaventata, periodicamente, dei motivi per amare il dittatore, o almeno non odiarlo troppo intensamente.*

Infine, quando le "acque" si saranno calmate e il dittatore comincerà la sera a riveder le stelle, occorre "restituire" alla popolazione locale parte dei "diritti di rappresentanza democratica" prima selvaggemente rapinati. Tuttavia, ad una condizione: le **regole della competizione elettorale** dovranno essere scritte da te, *Dittatore Illuminato!*

[35] *«Noi cessiamo di collaborare coi nostri governanti quando le loro azioni ci sembrano ingiuste. Questa è la resistenza passiva»* [cit. M. Gandhi, *Teoria e Pratica della Non-Violenza*, Edizioni Einaudi, 2006, pg. 14].

[36] Cit. Mario Draghi (presidente del Consiglio italiano 2021) – discorso al *Museo della Liberazione* di via Tasso, Roma, in occasione della celebrazione del 25 aprile 2021.

[37] Cit. Ibidem

[38] Cit. Ibidem

[39] Cit. Ibidem

[40] E fu così che i 525.000 utenti di byoblu affondarono con byoblu, una notte, nel freddo buio delle profondità marine, così, per violazione de le famigerate *"Norme della Community di Youtube"* che per youtube evidentemente non concidono con le norme della Community Italiana regolata in materia di LIBERA ESPRESSIONE dall'art. 21 della Costituzione Italiana, che recita così: *«Tutti hanno diritto di manifestare liberamente il proprio pensiero con la parola, lo scritto e ogni altro mezzo di diffusione. La stampa non può essere soggetta ad autorizzazioni o censure.*

*[...] Sono vietate le pubblicazioni a stampa, gli spettacoli e tutte le altre manifestazioni contrarie al buon costume. La legge stabilisce provvedimenti adeguati a prevenire e a reprimere le violazioni».*

[41] Enzo Bianchi, pur giornalista di gran fama e seguito, fu licenziato da Berlusconi con il cosiddetto "editto bulgaro", all'indomani della presa di potere. Lo stesso, molti anni prima, non si astenne dal rimuovere da uno dei suoi programmi di punta, un

Gianfranco Funari che voleva applicare il suo brillante spirito critico sui (ridicoli) prodotti che il capo (Berlusconi) gli dava da sponsorizzare nelle sue tv.

Erano in effetti tempi, quelli, di incertezza: <u>la tv stava definendo le sue funzioni</u>... di **utilità pubblica o privata?** E quelle mosse in quella fase, ne segnarono irrimediabilmente il destino.

Lo stesso oggi è accaduto con la nota censura dell'informazione byoblu da parte di google-youtube.

Sono in effetti tempi, questi, di incertezza: il social sta definendo le sue funzioni... di *utilità pubblica o privata?* E queste mosse in questa fase, ne potrebbero segnare irrimediabilmente il destino.

[42] I più savi autocrati e persecutori delle libertà civili, oggi prosperano "dando autorità" ai "movimenti democratici" (i propri preferiti, ovviamente) già presenti sul territorio (o finanziando abbondantemente qualche raro esponente locale), convertendo infine tutto il sistema, "spontaneamente", in un regime autoritario *e* allo stesso tempo "democratico", "popolare".

Durante la transizione il processo elettorale o di scelta referendaria dovrà essere - per "evidenti necessità superiori" o "tempistiche ostative" - "onestamente" sospeso o ritardato quanto più possibile.

Appannato il confine tra verità e falsità, onore e disonore, una dittatura organica alleata ai mezzi di informazione di massa, *converte poi le vittime in delatori e i delatori in carnefici,* di modo che da quel momento in poi sarà il sistema stesso a rimodulare se stesso attraverso una rete di "informatori", "conniventi", "collaboratori", "persone responsabili e oneste" disperse in ogni via, non già e non più grazie agli sforzi di 1 solo dittatore "tradizionale"!

[43] Per ovvi motivi, non possiamo dare alla paura la qualifica di "principio attivo" nella ricetta universale che vuole portare la pace sulla terra, ma di "eccipiente" senz'altro.

Leggiamone la definizione su treccani.it: [**eccipiente**] *«sostanza farmacologicamente inerte e di scarsa reattività chimica, che conferisce a una preparazione medicamentosa la forma, la consistenza, la diluizione e gli altri caratteri fisici e chimico-fisici necessari, fungendo soprattutto da veicolo per le sostanze attive».*

Le "sostanze attive" saranno, nel nostro caso, gli organi di Stato, di stampa, i consorzi economici, le scuole etc. Il tutto, immerso nella paura come "eccipiente", potrebbe infine dare un sistema sociale tutto sommato "stabile e sicuro", persino "prospero e produttivo". Come quello occidentale/cinese, come due volti di una medaglia medesima.

[44] Cit. Hannah Arendt, *La Banalità del Male*, Feltrinelli Editore Milano, Ottobre 1964, pg. 113

[45] *Ibidem*

[46] ...preferibilmente privati e poco o nulla organizzati in pesanti partiti o enti statuali.

[47] Cit. *"I Diritti Umani Oggi"* di Antonio Cassese, Ed. Laterza 2007, p. 106

[48] *ibidem*, p. 237

[49] *Ibidem*

[50] "Minipax": contrazione del sintagma *"Ministero della Pace".*

[51] Con risoluzione "occulta" (nel senso di palesemente "antidemocratica") - cioè scaturita da processi integralmente privatistici e liberal-economici, a febbraio del 2021 l'acqua smette di essere "BENE PUBBLICO GLOBALE" ovvero sottratta per statuto "tacito" come *Il Buon Senso*, alle speculazioni dell'affarista di turno, e viene QUOTATA IN BORSA, come l'oro nero (petrolio) e l'oro giallo, il rame e i diamanti [cfr. https://www.ilfattoquotidiano.it/2021/02/14/acqua-quotata-in-borsa-appello-petizione-oltre-le-10mila-firme-stop-alla-speculazione-le-adesioni-da-gino-strada-e-vauro-a-lucano/6101106].

*"Finalmente libertà libertà libertà completa! Grande conquista!"* gridano gli avvocati della finanza immondialista.

Ma un popolo povero può pure vivere senza petrolio. Senza, tutt'al più, <u>non formerà città ma resterà "villaggio"</u>. Ma senza acqua **morirebbe** certamente, ovvero diventa **immediatamente, totalmente, terribilmente ricattabile**. Senza acqua o con acqua a prezzi stellari, non importa quanti eserciti hai sparso per il mondo e quante testate nucleari possiedi, persino un grande paese come gli usa... sarà ricattabile qui e adesso, potentemente, completamente!

Solo per "guadagnare liberamente di più" le compagnie della finanza internazionale simili a orde barbariche impazzite potrebbero coi loro "giochi" INCIDERE DIRETTAMENTE SUL COSTO DELLA VITA di miliardi di esserei umani assetando le popolazioni locali, grandi o piccole (resistenti, forse, a divenire manopera locale a basso costo di qualche impresa internazionale, ivi sbarcata?), ed adesso, lo sappiamo, tra questi popoli che potrebbero comparire nel mirino figurano non più e non solo i soliti "paesi in via di sviluppo" del terzo e quarto mondo, ma anche quelli "altamente progrediti" della civiltà euroatlantica!

En gard!

[52] *Codex Alimentarius Commission*, FAO/OMS, Roma, 1 luglio 1999 (estratto).

[53] La tecnologia nota come *"Terminetor"* è stata già applicata in Italia per la *Canapa sativa,* con la benedizione degli Unionisti Blu che vorrebbero con ciò "prevenire gli abusi" (ovvero la autocoltivazione e la diffusione dell'essenza per scopi "criminali"). La tecnologia "Terminetor" consiste nello sviluppo bioingegneristico di "sementi suicidi": dopo il primo raccolto una proteina dormiente nel dna si attiva e fa diventare sterile il fiore e la pianta, ovviamente non perché così vuole madre natura, ma perché così conviene agli affari di qualche compagnia "green"! Infatti suddetta canapa se poi viene coltivata in modalità bio, avrà persino il diritto di portare il *Logo Bio!*

Ma la bioingegneria "Terminetor" (detta anche "TPS"), naturalmente, non è stata inventata per limitare l'uso spontaneo e popolare della canna. In origine il dipartimento americano dell'agricoltura e la compagnia D&PL deformarono le regole base di madre natura in anni di investimenti e studi, per uno scopo ben più grande e nobile: "sfamare il mondo".

Soltanto dopo ci si accorse che LA RESA PER ETTARO restava tutto sommato invariata, non conducendo l'OGM nemmeno ad un risparmio di erbicidi e diserbanti, ma anzi ad un loro incremento. Nel frattempo, però, la vera partita viene vinta.

Immettendo nel mercato soia OGM (in UE oggi è legale! - *"basta indicarlo nella confezione"*), abitui larghissime fette di popolazione a consumare un ALIMENTO di cui UNA SOLA DITTA DETIENE IL BREVETTO/MONOPOLIO. A questo punto basterebbe destabilizzare l'ecosistema dato tramite ad es. una "fitoepidemia" da cui scamperanno, casualmente, solo certi cibi ogm, ed ecco, anche l'ancestrale "diritto a nutrirsi" diverrà "concessione" di certe aziende.

*Ne sei già azionista?*

*"Non perderti l'affare del secolo!"* (come quello dei vaccini, per intenderci).

All'indomani di una simile fitoapocalisse, qualunque cittadino o nazione che volesse soltanto mangiare o vivere decentemente, dovrebbe fare il cappello ai monopolisti del settore.

*«Le tecnologie genetiche, così come oggi si sono sviluppate, con il loro corredo di diritti di proprietà intellettuale e di controllo economico, tecnologico e politico sono un'enorme minaccia per la sicurezza e la sovranità alimentare delle Nazioni e dei Popoli»* [cit. Cit. D. Demichelis, A. Ferrari, R. Masto, L. Scalettari, in: *"No Global – Gli inganni della globalizzazione sulla povertà, sull'ambiente e sul debito"*, Editore Zelig, Milano, 2001, pg. 168].

[54] Cit. D. Demichelis, A. Ferrari, R. Masto, L. Scalettari, in: *"No Global – Gli inganni della globalizzazione sulla povertà, sull'ambiente e sul debito"*, Editore Zelig, Milano, 2001, pg. 163

[55] Cit. Ibidem pg. 167

[56] ...O del <u>cibo</u>, o delle <u>materie prime</u>, o della <u>moneta</u>, o della <u>manodopera</u>, o delle <u>tecniche</u>, delle cognizioni e delle maestranze prodotte in surplus in un paese e pervicacemente convergenti in un insieme dato di paesi piuttosto che in altri, più "poveri".

E, si badi bene, ciò che ha fatto grande la penisola italica o la Francia o la Germania nel medioevo, non fu la capacità di questi paesi di "attrarre capitali dall'estero", ma la possibilità per la manodopera locale, la sapienza locale, la moneta locale, di concentrarsi e crescere lentamente, tranquillamente, a vantaggio del territorio locale! Protette, durante l'ascesa, da una *Entità Giuridica Collettiva Locale!*

*Finchè i poveri paesi in eterna "via di sviluppo" saranno costretti a lavorare per compagnie estere apolidi, non potranno lavorare per se stessi!*

Non importa che l'ottimo regime fiscale o politico renda affaristicamente "attraente" quel paese per le aziende o gli Stati alloctoni: pur colmi di denaro, senza *Piena Sovranità* non lo spenderanno mai come lo spesero i popoli europei per circa 2000 anni, ovvero per difendere e perfezionare la generazione locale (non altre!).

[57] La pace del mondo, l'amore universale, la ricchezza delle Nazioni e blablbla. In particolare, uno di codesti **fini impopolari ma, secondo taluni affermati intellettuali, "necessari" per la "conservazione" della "ecologia globale"**, potrebbe essere la riduzione o almeno il contenimento della crescita della popolazione mondiale (e a tale scopo, la sterilizzazione ragionata o causale di qualche porzione di essa), lo sterminio di varietà botaniche "nocive"

*("risparmieremmo sugli erbicidi!")* o di animali "inutili" - e relativi ecosistemi (ad es. Amazzonia – "la coltivazione della soia *sfama ben più persone!"*), l'introduzione di cibi ed insetti geneticamente modificati *("risparmieremmo sui pesticidi!")* e così via.

Si tratta in effetti di «*un compito grande, che si presenta una volta ogni duemila anni*» [cit. Hannah Arendt, *La Banalità del Male*, Feltrinelli Editore Milano, Ottobre 1964, pg. 113].

[58] Cit. J. Dewey, *"Il Pubblico e i suoi Problemi"*, La Nuova Italia Editrice, Firenze, 1971, pg. VII

[59] Mario Monti, viene oggi ricordato dal mainstream italiano come un salvatore, e purtroppo - come tutti i grand'uomini, genio incompreso.

Ripercorriamone brevemente la leggenda.

Mario Monti è stato, tra il 2005 e il 2008, il primo presidente del **Bruege**, un comitato ("think-tank") di analisi delle politiche economiche, nato a Bruxelles nel 2005.

Nel 2010 è divenuto presidente europeo della **Commissione Trilaterale**, un gruppo di interesse di orientamento neoliberista fondato nel 1973 da David Rockefeller e membro del comitato direttivo del **Gruppo Bilderberg**. Un anno dopo viene nominato presidente del **Consiglio Italiano**. Dai due anzidetti incarichi dovette purtroppo dimettersi il 24 novembre 2011, causa illogiche accuse provenienti da più parti circa un presunto *"conflitto di interessi".*

Tra il 2005 e il 2011 è stato membro del Research Advisory Council del **Goldman Sachs Global Market Institute**, presieduto dalla economista statunitense Abby Joseph Cohen.

Tra gli organismi internazionali di cui fa parte, Monti è membro del comitato esecutivo dell'**Aspen Institute Italia**, un'organizzazione internazionale non profit, fondata nel 1950.

È stato inoltre advisor della **Coca Cola Company**, e membro del **Senior European Advisory Council** di Moody's.

E' uno dei presidenti del **Business and Economics Advisors Group** dell'*Atlantic Council.*

Nell'agosto 2020 è stato nominato dall'O.M.S presidente della neoistituita **Commissione paneuropea per la salute e lo sviluppo sostenibile** [fonte: wikipedia.it].

Infine in un noto programma televisivo indicò la Grecia come *«il più grande successo dell'euro»*, ma questa è un'altra storia...

[60] *Audio e video qui:* https://www.youtube.com/watch?v=tXc-CbSB9yg[5]

[61] Ibidem.

[62] Purtroppo la zizzania dovrà separarsi dal grano, poiché il grano ha cominciato a separarsi dalla zizzania.

[63] Potremmo osservare che in Occidente, con la fine del Medioevo, il **Religioso** cede il passo prima al **Politico** e poi all'**Economico**, mentre tutt'oggi in Africa o nelle società più immature spadroneggia normalmente il **Militare**, ma in realtà i 4 poteri sono soltanto tentacoli di un corpo più grande che è indipendente soltanto parzialmente da essi.

La giurisprudenza fungerà da camera di compensazione globale o locale contro gli eccessi esibiti dagli alfieri di questi poteri. La pace sarà il risultato di una buona opera di mediazione giuridica tra i diversi 4 interessi.

[64] Si pensa sovente la persecuzione degli ebrei come programma pensato da uno (pazzo) ed eseguito da molti (le "bieche milizie tedesche"), ma benchè progetto nato in tempo guerra, <u>tale politica di sistematico controllo/sterminio di una minoranza della popolazione, era destinata a protrarsi anche in tempo di pace</u> [cfr. Hannah Arendt, *La Banalità del Male*, Feltrinelli Editore Milano, Ottobre 1964, pg. 264]. Il fatto, poi, che la "dittatura" fece ampio uso di affezionati "delatori" e "patrioti", ci fa contemplare codesta policy da un quadro più ampio.

Insomma, venne un tempo in cui lo Stato dichiarò una EMERGENZA INFINITAMENTE DISTESA sia sul piano spaziale (la Germania a nome del mondo doveva *"ripulire il mondo"* dagli ebrei) che su quello temporale ("mai più nella storia un popolo dovrà patire cotanta miseria!"), sicchè - a parte le spiacevolissime congiunture economiche, ideologiche, politiche e mediatiche che animarono la persecuzione globale - era invero tutta la VITA DEL POPOLO TEDESCO ad essere ormai profondamente infettata dalla penuria e dal risentimento verso una particolare "aristocrazia" (ebraica), ed un cancro così profondo non poteva non risolversi, prima o poi, in una soluzione altrettanto totalitaria.

---

5. https://www.youtube.com/watch?v=tXc-CbSB9yg&fbclid=IwAR1gydBPp-jUcDvfrqjTh_UddCGethu0I6TVq4ZW3BV-AIsY5G1u0sT7rHo

A _favorevoli condizioni_, pertanto, come un seme piantato in morbido humus, del tutto naturalmente – e senza vera potenza del seme stesso, la dittatura _immediatamente_ germina!

Ed **essa potrà essere o di un popolo contro una elite/minoranza, o di una elite contro interi popoli**, giacché nella seconda guerra mondiale notiamo che furono le durissime condizioni di debito imposte allo Stato tedesco dalla prima elite eurocrate (alias _"Società delle Nazioni"_), a generare qualche decennio dopo un popolo tedesco colmo di astio verso la nascente eurocrazia e, "incidentalmente", verso la elite ebrea internazionale, come classe ricca tranquillamente egemone su una folla di disperati e nullatenenti (tedeschi).

[65] _«Ogni sistema si costituisce per ridurre la complessità ingovernabile dell'ambiente entro alternative prestrutturate, che offrono un orientamento all'agire individuale e che, quindi, dispongono un ordine entro il quale questo può_ [o non può] _svilupparsi»_ [cit. Pietro Barcellona, _"Diritto senza Società"_, Edizioni Dedalo srl, Bari, 2003, pg. 176].

[66] Cfr. Roberto Esposito, _Bíos, biopolitica e filosofia_, Einaudi, Ottobre 2004, pg. 138

[67] Il corpo – individuale o sociale – si rivela allora terreno ultimo di **normalizzazione** e **manipolazione** (e di **resistenza** – ai vaccini obbligatori?); terreno politico in senso pieno poiché è in esso e su di esso che le diverse ideologie sul "BENE UNIVERSALE/COLLETTIVO" da sempre latenti nella società, si manifestano ed esplodono.

[68] Cit. Hannah Arendt, _La Banalità del Male_, Feltrinelli Editore Milano, Ottobre 1964, pg. 134

[69] Corrente filosofico-giuridica fondata su due principi: l'esistenza di un _Diritto Naturale_ (conforme, cioè, alla natura dell'uomo e quindi intrinsecamente giusto) e la sua superiorità sul _Diritto Positivo (il diritto prodotto dagli uomini)_.

Da Aristotele a San Tommaso esisterebbe quindi una "Legge Naturale" alla quale dovrebbero conformarsi tutte le piccole umane _leggi positive_.

Poco importa che tale legge naturale sia "interiore" o "innata" (giusnaturalismo moderno) oppure "esteriore" o "oggettiva" (giusnaturalismo classico), in entrambi i casi vedremo che la hybris con cui tali giusnaturalisti cercheranno di avverare la LORO idea di "Giusto" e di "Sbagliato" nel mondo, ha un che di "mistico" ossia di profondamente irrazionale, tant'è vero che T.Hobbes, J.Locke, J.J.Rousseau, I.Kant – tutti studiosi giusnaturalisti – declineranno ognuno la medesima teoria del diritto (Natura → Patto → Stato) in modo completamente diverso.

Ma non erano tutti "grandi pensatori" e "tutti razionali"?

Come mai adesso l'uno giustifica la dittatura (Hobbes), l'altro il parlamentarismo (Rousseau), l'altro ancora il liberismo (Locke)?

Il frutto più celebre del giusnaturalismo moderno è la *"Dichiarazione dei Diritti dell'Uomo e del Cittadino" (1789)* quale sudato coronamento della **Rivoluzione Francese**, ma - come abbiamo sottolineato, data la "disponibilità" intrinseca del giusnaturalismo ad essere manovrato oggi in un senso e domani nel senso opposto - non c'è proprio da stare tranquilli per le umane genti, che infatti all'indomani di una tale pomposa *Dichiarazione* e liturgica ratifica di suddetti ottimi principi umani, non hanno visto la fine delle loro sofferenze. Forse l'effetto giuridico concreto di tale Eminente Carta sarà più completo e meno aggirabile, se coniugato ad una *"Dichiarazione dei Diritti di tutti i Popoli e di tutte le Nazioni"* in grado di dare alla Legge Naturale Soggettiva, una Legge Statuale Oggettiva come cornice solida o porto sicuro in cui ormeggiare fra i moti ondosi della storia.

[70] Salvare, disinfettare.

[71] Cfr. Pietro Barcellona, *"Diritto senza Società"*, Edizioni Dedalo srl, Bari, 2003, pg. 120

[72] *Ibidem*

[73] Firmando un contratto di assunzione tu "reifichi" te stesso, per il quale da una parte ci sarai tu come individualità sovrana, e prospiciente a te un altro te, un po' diverso da te, totalmente schiavo dell'altro (

[74] In senso pascaliano.

[75] Stiamo parlando di Cesare Beccaria in *"Dei Delitti e delle Pene" (1764)*, par. XXVI: quante *«funeste ed autorizzate ingiustizie furono approvate dagli uomini anche più illuminati, ed esercitate dalle repubbliche più libere, per aver considerato la società come un'unione di famiglie piuttosto che come un'unione di uomini»*!

[76] Cfr. Roberto Esposito, *Bíos, biopolitica e filosofia*, Einaudi, Ottobre 2004, pg. 72

[77] Cit. Cesare Beccaria, *Dei Delitti e delle Pene*, Ed. BUR, 2001, pg. 114

[78] Cit. Ibidem, pg. 113

[79] Cit. Ibidem, pg. 112

[80] Nessun imperatore globale, per quanto incensato tale da tutti i popoli, avrà mai il potere di parlare in nome di tutti i popoli, e di chiamare per nome tutti i suoi sudditi, poiché ha acquisito forse legittimamente il titolo che lo fa **Re di tutte le Nazioni**, ma non *Re di tutti Cuori*, che non conosce e non comprende. Ed in nome dei quali, quindi, non può governare.

[81] Cfr. art. 123, 124, 125 TFUE

[82] Si, è scritto proprio così! *"Fortemente".*

L'espressione denota la debolezza politica dello scrivente che non potendo usare le parole "iper-liberista", "ultra-liberista" o "ordo-liberista" (migliore traduzione e sintesi della suddetta idea di estrema competizione universale), batte in ritirata prediligendo una locuzione avverbiale artatamente sbilenca, del tutto inappropriata in una carta dei diritti che soprattutto ai primi articoli dovrebbe assumere tratti scultorei, quasi museali, tanto più che era adibita a determinare le sorti di un intero continente.

*"Fortemente competitiva".*

E perché non semplicemente *"competitiva"*? Non avete ancora imparato che *"in medio stat virtus"*? Perchè un tale "sgrammaticato" eccesso lessicale, in un illustre articolo di diritto?

E perché non *"fortemente cooperativa"*? Non avrebbe suonato ai posteri più armoniosamente, più dolcemente, più umanamente?

Per quale empia ideologia 30 paesi un tempo sovrani dovrebbero adesso <u>unirsi per sbranarsi</u> l'un l'altro, e così "sopravvivere" al terzo millennio, a suon di ritmici rituali cannibali?

E' così oscuro il mondo che prefigurate per tutti?

Oh stolti coloro che firmarono al pedice un tal obbrobrioso immaturo scarabocchio mentale! A tanto imperio giunse la vostra fiducia, la vostra ingenuità, o forse soltanto il vostro desiderio di prendere parte ad una *Nuova Elite Continentale*, così superiore a tutti gli anelli nazionali: «*uno ad uno li distruggerà tutti*» (cit. J. Tolkien, *"Il Signore degli Anelli"*).

[83] Cit. art. 2 TFUE

[84] «E' tempo di porre un freno all'eccessiva *retorica* dei diritti umani e di dare invece spazio all'azione orientata a risultati concreti. Le istituzioni internazionali

dovrebbero concentrarsi su alcuni *obiettivi prioritari*. Si dovrebbe identificare un numero ridotto di diritti fondamentali e prendere iniziative coerenti per dare loro attuazione» (cit. Antonio Cassese, *I Diritti Umani Oggi*, Editori Laterza, 2007, pg. 229).

[85] A volte, pur non essendo necessario che qualcuno si dedichi all'agricoltura, potrebbe essere necessario per uno specifico gruppo di persone dedicarsi alla terra e alla natura, perché costoro possiedono fin dal principio una tale "vocazione" o talento, e rispettare un tale popolo e tale umanità, implica sottrarre a quel mercato i pomodori importati dall'estero, per aprirlo alle produzioni locali!

In altri casi, invece, nessuno vorrà, ed esempio, estrarre litio nelle miniere, ed in questo caso una *Economia Umanistica* può ben prevedere l'ingresso di robot e sistemi che *automaticamente* invadono di litio il mercato, senza che nessuno effettivamente si dedichi alla sua estrazione, perché è troppo **brutto** o **faticoso** per l'umano medio dedicarsi a questo tipo di lavoro.

[86] Rudolf Kjellen, *Sistema di Politica*

[87] Prima di esse è *La Famiglia*.

[88] Pertanto, inoculato da un "virus" o da un "virus attenuato" (vaccino), anche un Grande e Robusto Stato potrebbe persino morire! [Cit. Roberto Esposito, *Bíos, biopolitica e filosofia*, Einaudi, Ottobre 2004, pg. 44].

[89] Cit. *"Il Pubblico e i suoi Problemi"* di J. Dewey, La Nuova Italia Editrice, Firenze, 1971, pg. 3.

[90] Torna dunque possibile parlare di *scienza* politica come di *scienza* giuridica, ma quali, allora, i rispettivi oggetti di studio?

[91] La logica giuridica coeva è «una logica ambigua, poiché afferma a parole il primato dell'ordine giuridico, ma poi lo nega nei fatti perché dà verità esclusivamente a ciò che viene realizzato nella prassi» (cit. *"Diritto senza Società"* di Pietro Barcellona, Edizioni Dedalo srl, Bari, 2003, pg. 123). La giurisprudenza risultante è "liquida" perché, come l'acqua, essa occupa placidamente e perfettamente gli anfratti antropici che va incontrando, che riempie senza donare ad essi una propria forma.

[92] Trascrizione dal corso di M. Foucault tenutosi al *Collège de France* nel 1976.

[93] Siamo dunque per questa via – quella sanitaria, giunti alla Fine dei Tempi? E' proprio questo il tempo dell'Apocalisse, cioè delle *Ultime Rivelazioni* circa la più vera e profonda natura dell'uomo?

[94] «*A pensar male si fa peccato, ma spesso ci si azzecca!*» (Min. Andreotti).

Forse l'impulso oggigiorno così imperioso (o imperiale) proveniente dalle vecchie strutture di potere a "cedere sovranità" onde costituire "al più presto" entità sovranazionali dotate di "maggiori poteri di stabilizzazione", è funzionale a questa "presa in carico" da parte della politica, niente poco di meno che della VITA delle persone?

Le persone, in effetti, non tendono a fidarsi maggiormente di strutture lontane, astratte, globali, internazionali... "scientifiche"?

Noi italiani, poi, a causa di sfortunati accidenti storici, per istinto diffidiamo sommamente dai governanti locali – troppo umani, troppo italiani - ai quali non affideremmo un asino, ma ad un nobile tedesco (durante l'impero romano: *"barbaro invasore"*), un francese, un inglese, una collezione di saccenti esperti franco-tedeschi, carolingio-asburgici etc... potremmo in tutta sincerità affidare anche il portafoglio! (cosa che in effetti, alienando formalmente la BCI al circolo dell'austerità norreno, lo Stato italiano ha già fatto!).

[95] Dal titolo del libro di Pietro Barcellona, in questo lavoro frequentemente citato. E potremmo parafrasare: *"Diritto senza Umanità".*

[96] Anche il dittatore meno sagace dichiara pubblicamente, SEMPRE e sin dall'inizio, senza mai alcun segreto, di lavorare "PER IL BENE PIU' GRANDE". Anzi, il suo "avvento" e "deciso intervento" sarà tanto più INVOCATO ed apparirà tanto più RAGIONEVOLE agli occhi dei più, quanto più la "DUREZZA DEI TEMPI" si farà evidente. Riassumendo la saggezza montiana: "sono le crisi a stimolare i popoli a cedere sovranità" (cfr. ).

E diranno: *"Per tempi forti, urgono **uomini** forti!"* che in una rosea società "antifascista" come quella occidentale, diverranno *"**politiche** forti".*

Ma nessuna delle due, la società di destra – che nelle difficoltà tende inevitabilmente a consegnarsi anima e corpo a 1 **salvatore della patria**, né la democratica società di sinistra - che all'occorrenza si converte dalla testa ai piedi in **timocrazia**, si presenterà mai dicendo: *"Buongiorno a tutti, noi qui siamo solo schiavi e dittatori, pecore e capre, cani e pastori di greggi. Qui a destra puoi vedere le nostre confortevoli stalle, a sinistra il ruscello, e in fondo, un po' nascosto, ecco li il nostro mattatoio".*

Ammettere come SEMPRE PRONTE e talvolta persino già parzialmente adottate tali *possibilità involutive* mantenute segrete come un "PIANO B" nelle cassette di sicurezza della società occidentale, compromette quell'autostima, tipicamente poco oggettiva, fondata sulla retorica di "GRANDE POPOLO", "GRANDE CULTURA" e "LIBERA" solo perché qualcuno aveva consentito a molti di ballare fino a tarda notte in un postribolo urbano.

[97] Fu da un preciso momento della storia contemporanea – il crollo delle Twin Towers, nel 2001, che abbiamo assistito in occidente al risorgere di alcune categorie logico-giuridiche "senza tempo", un tempo giudicate cavernicole, barbare, del tipo "occhio per occhio, dente per dente": *«quando un uomo colpisce l'occhio del suo schiavo o della sua schiava e lo acceca, gli darà la libertà in compenso dell'occhio. Se fa cadere il dente del suo schiavo o della sua schiava, gli darà la libertà in compenso del dente»* [Cit. *La Sacra Bibbia,* Esodo 21,26].

Nel cinquant'ennio post-bellico i politologi più ingenui avevano creduto alcuni pensieri accantonati per sempre, tanto adulta, elevata e colta era ormai divenuta la modernità! La svolta filosofica inizia dunque in un presiso luogo di questo pianeta, con una precisa campagna elettorale e una precisa famiglia giunta al potere. Ahinoi, l'illuminazione – che a molti professori e giornalisti dell'epoca sembrò effettivamente un palpabile oscuramento, il principio di un'eclissi mondiale - promanò dal paese che serba per gli altri la "lancia del destino", cioè gli USA.

[98] Cit. Hannah Arendt, *La Banalità del Male,* Feltrinelli Editore Milano, Ottobre 1964, pg. 114

[99] E' proprio di questi giorni [1 aprile 2021] la "news" della CENSURA DA PARTE DEL POTERE (rappresentato da YOUTUBE) DELL'INTERO CANALE BYOBLU (525.000 utenti inclusi), che è stato negli ultimi 14 anni il principale "Substream", ovvero il *Mainstream della Controinformazione Italiana* (analogo, per intenderci, ad una delle tre testate gornalistiche pubbliche: La Repubblica, Corriere della Sera, La Stampa - ma di visione politica diametralmente opposta, costitutivamente *diversa!).* Peraltro, fu proprio da questo canale che 10 anni fa emerse per la prima volta nella *Coscienza del Pubblico* la voce di studiosi poi eletti come deputati/senatori nel parlamento italiano ed adesso popolari come Alberto Bagnai! Il quale – coerentemente ai suoi natali, a causa della sua intelligenza capace di persuadere molti, argomentando, si caratterizza tutt'ora come una SPINA NEL FIANCO della eurocrazia costituita!

"Cattivo" → "Illegale", dunque, divenne oggi controinformare.

A causa del rischio **disinformazione** – da NON confondere mai con la **controinformazione!** - certa parte politica parla fieramente di "CENSURA COSTRUTTIVA", ma ecco, senza quel _criterio infallibile di analisi dell'esistente_, senza un **criterio per così dire "divino"** in mano all'uomo, il rischio da parte di un uomo o di un team umano di gettare il bambino con l'acqua sporca è assai alto! (poiché lo stolto facilmente pensa _l'acqua non sarebbe mai divenuta sporca se non ci fosse stato il bambino!_").

Intanto, nel nome di SANTA MADRE SCIENZA, youtube facebook e twitter hanno gettato fuori dalla nave del mondo-social Trump, Maduro e moltissimi altri onesti PENSATORI POLITICI (uomini, filosofi e non macchine, cose!). Nel nome di una EMERGENZA SANITARIA (simile a quella che spinse Hitler a "disinfettare" il mondo dal "germe" ebraico?) abbiamo assistito nell'ultimo anno ad una vera e propria EPURAZIONE, con l'intenzione di UCCIDERE IL MALE NELLA CULLA, "culla delle idee" e delle transizioni sociali che oggi è chiaramente il socialstream.

N O T A B E N E - Se nel 1942 Hitler non epurò da youtube tutti i suoi oppositori politici, è perché all'epoca youtube ancora non esisteva!

[100] Cit. Hannah Arendt, _La Banalità del Male_, Feltrinelli Editore Milano, Ottobre 1964, pg. 113

[101] Facebook, accusata da più parti come "illiberale" per la recente applicazione del programma di "depurazione universale" della piattaforma dalle "incivili interferenze" e dai discorsi di _"odio"_ (nb: sentimento _umano_!), si premura ad annunciare l'istituzione di opportuni "organismi di controllo", ma - come ci ha insegnato l'UE... - _"indipendenti"._ Da chi? Suvvia, sempre dovranno essere indipendenti dai pigri e cattivi Stati nazionali, dai caotici e lenti processi democratici, dagli uomini insensati, da te.

Il problema allora sarebbe: chi selezionerà i componenti di codesta commissione di **Esperti della Giusta Censura e del Giorno Finale del Giudizio?** Facebook stesso? Saranno altissime cariche istituzionali STIPENDIATE dal CdA Facebook? Indipendenti dal pubblico, dipendenti privati?

La contemporaneità occidentale, oltre che esperta, ampiamente tecnologizzata, culturalmente e civicamente avanzata, è pure _stupida, ingenua, tontolona?_

[102] Cit. _"La Banalità del Male"_ di Hannah Arendt, Feltrinelli Editore Milano, Ottobre 1964, pg. 139

[103] Oggi «*la norma si emancipa dal suo fondamento e dal suo scopo, che non è realizzare un ordine giusto, ma consentire che gli individui liberati realizzino il **loro** scopo*». Il che parrebbe pure cosa ottima, se non fosse che così facendo il diritto di risulta «*finisce per essere proiettato in una sorta di <u>universo senza gravità</u>, nel quale la recisione dei legami con la giustizia e con la forza ha reciso altresì ogni legame anche con gli uomini e con la loro prassi; ha "rimosso" il vero fondamento del diritto e "occultato" la sua funzione. Ed è questo il prezzo che la strategia della Modernità paga*» [cit. Pietro Barcellona, *Diritto senza Società,* Edizioni Dedalo srl, Bari, 2003, pg. 150].

[104] Cit. *Der Spiegel* - n.52/1999, pg. 136 [celebra rivista tedesca, il pdf del numero indicato può essere consultato qui:

https://magazin.spiegel.de/EpubDelivery/spiegel/pdf/15317086].

[105] Ibidem.

[106] Per "finestra di Overton" (in lingua originale *"The Overton Window"*) si intende uno <u>schema di comunicazione politica</u> ideato dall'attivista e sociologo statunitense Joseph P. Overton.

Tale schema, in estrema sintesi, consiste nel *far digerire nuove idee alle masse soltanto* GRADUALMENTE. Quindi, osserva Overton, **la massa può in fondo assimilare e accettare QUALSIASI norma o idea, persino la più illogica, impensabile e radicale, PURCHÈ la si introduca nella sua coscienza a piccoli passi** e con sufficienti supporti argomentativi, via via sempre più strutturati e convincenti.

Continua Overton: ALL'INIZIO il persuasore occulto non deve affatto preoccuparsi di dare razionalità ad una opinione assurda e impopolare... ALL'INIZIO è SUFFICIENTE venga semplicemente PRESENTATA al pubblico, persino in modo caricaturale, teatrale, satirico... deve essere inoculata nel tessuto sociale *in qualche modo,* e *qualsiasi* modo andrà bene!

Le ragioni, le tesi, i professori universitari a sostegno di quelle tesi, verranno dopo!

Alla fine, se il lavoro è stato fatto bene ovvero dilazionato in opportuni lassi di tempo, arricchito da illustri pensatori e attentamente ripulito da eventuali eccessi o sbavature, l'un tempo impensabile norma riceverà pubblica consacrazione entrando in parlamento e, se si è "fortunati" anche istituzionalmente, diventando LEGGE.

Overton sintetizza: *qualsiasi idea, anche la più incredibile, possiede una **<u>finestra di opportunità</u>**.*

Tale finestra sará piu o meno larga in base al tempo e agli argomenti che occorreranno al cittadino comune per acquisire familiriatà con una idea così NUOVA, appropriarsi di essa e farla sua nella sua propria coscienza.

*La coltivazione dell'opinione pubblica richiede pazienza, prudenza, intelligenza.*

Dopo che un vip (politico, giornalista, attore, cantante, influencer etc) presenta la idea, quella idea NASCE nella societá! A questo punto il resto della società può avventarsi contro di essa con grande foga, oppure accettarla, in diversa misura.

Il manipolatore occulto ora REGISTRA CON GRANDE ATTENZIONE le reazioni (rese più trasparenti nei social web), e progetta di conseguenza i passi successivi.

Le idee sociali, in uno schema di lavoro overtoniano, percorrono le seguenti fasi, fino al successo finale. Fase 1: **impensabili** (inaccettabili, proibite, non espresse) → Fase 2: **radicali** (vietate ma con ragionevoli eccezioni) → Fase 3: **pensabili** (sensate, condivisibili) → Fase 4: **diffuse** (socialmente presenti e dibattute) → Fase 5: **legalizzate** (consacrazione ufficiale nella politica statale che rende ancora più socialmente pervasiva e capillare quell'idea inizialmente "bislacca").

[107] Durante un esperimento del 1882, alcuni ricercatori della *John Hopkins University* notarono che gettando una rana in una pentola di acqua bollente, questa **saltava immediatamente fuori dalla pentola**. Non era possibile cucinarla! Al contrario, mettendo le rane tranquillamente a nuotare in una pentola di acqua fredda e riscaldando la pentola gradualmente, la rana finiva inevitabilmente bollita!

L'esperimento fu preso in considerazione dal filosofo Noam Chomsky, applicandolo alla sociologia politica e osservando come un cambiamento sociale insufflato poco a poco, sfugge alla coscienza del popolo e non suscita, per la maggior parte dell'umanità, nessuna reazione, nessuna opposizione, nessuna vera rivolta. Il *"Principio della Rana Bollita"*, dunque, è una vera e propria TECNICA DI GOVERNO! Una importantissima costola per il legislatore che tende ad una <u>ristrutturazione sociale</u>.

*«Il fuoco è acceso sotto la pentola, l'acqua si riscalda pian piano. Presto diventa tiepida. La rana la trova piuttosto gradevole e continua a nuotare. La temperatura sale. Adesso l'acqua è calda. Un po' più di quanto la rana non apprezzi. Si stanca un po', tuttavia non si spaventa. L'acqua adesso è davvero troppo calda. La rana la trova molto sgradevole, ma si è indebolita, non ha la forza di reagire. Allora sopporta e non fa nulla. Intanto la temperatura sale ancora, fino al momento in cui la rana finisce – semplicemente – morta bollita».* [Cit. Noam Chomsky, *Media e Potere,* Bepress Edizioni, 2014, pg 75-76].

Molte sono oggi le persone già "mezze cotte" dai comfort come dai patimenti quotidiani, in evidente ascesa. La loro fine sarà identica a quella della rana bollita. **Bisogna saltare ORA!** Non si tratta di fuggire, ma di affrontare la situazione come i carbonari o i partigiani di una volta, ovvero esaminando con intelligenza dentro una stanza possibili soluzioni contro abusi, divieti e povertà crescente, prima che sia troppo tardi!

Scrive Chomsky ben prima della "Covid Age": «*Se guardiamo ciò che succede nella nostra società da alcuni decenni, ci accorgiamo che stiamo subendo una lenta deriva alla quale ci abituiamo. Un sacco di cose, che ci avrebbero fatto orrore 20, 30 o 40 anni fa, a poco a poco sono diventate banali, edulcorate e – oggi – ci disturbano solo leggermente o lasciano decisamente indifferenti la gran parte delle persone. In nome del progresso e della scienza, i peggiori attentati alle libertà individuali, alla dignità della persona, all'integrità della natura, alla bellezza ed alla felicità di vivere, si effettuano lentamente ed inesorabilmente con la complicità costante delle vittime, ignoranti o sprovvedute*» [Cit. Ibidem].

[108] Cit. J. Dewey, *Il Pubblico e i suoi Problemi*, La Nuova Italia Editrice, Firenze, 1971, pg. 72

[109] Chiamasi *"Carta Costituzionale"* nel caso di fondazione di Entità Statale, normale "statuto" in caso di fondazione di associazioni semplici.

[110] Cfr. art.2, 123, 124, 125 TFUE.

[111] E' storicamente acquisito che la legislazione liberale e transnazionale degli anni '80 volta a spezzare i preoccupanti cartelli delle compagnie petrolifere appena formatisi, non funzionò come auspicato! Ed ancora oggi si assiste impotenti ad evidenti manipolazioni del prezzo del petrolio nel "libero" mercato internazionale, rassegnandosi il mondo tutto a questa distorsione liberale e liberticida, come "dato di fatto" *ineluttabile...* cosmico, divino?

[112] Cit. Eichmann, da *La Banalità del Male* di Hannah Arendt, Feltrinelli Editore Milano, Ottobre 1964, pg. 113

[113] In europa per secoli gli impiegati dello Stato si sono "autostipendiati" attraverso *proprie* banche *centrali* (o "emittenti"), cioè attraverso *Banche di Stato!*

Ciò nel tempo ha garantito, se non integralmente, almeno parzialmente, l'aderenza dell'operato storico e legislativo di quell'esercito di burocrati ed amministratori degli affari civici, ad una *Norma Generata dal Basso*, non completamente calata dall'alto, sunto di logiche olandesi, lapponi, lettoni, polacche, franco-teutoniche, austro-ungariche etc che non possono per tara genetica rispondere <u>completamente</u> e <u>felicemente</u> agli interessi economici e spirituali più profondi, autentici della popolazione italica!

Se non, forse, in tempo di grandissime, pietose calamità naturali, perciò soltanto *occasionalmente* e peraltro se – e solo se – la parte politica nazionale saprà vincere dialetticamente la controparte estera! Il che non è *sempre assicurabile*, in quanto un politico dal cuore puro eletto dalla gente per le sue intenzioni oneste, non è affatto detto sia dotato anche di linguaggio sicuro e charme bruciante!

Perchè mai sottoporsi a questa difficile corsa ad ostacoli, rilevare ed eseguire il *Bene Democraticamente Selezionato dal Proprio Popolo,* non dovrebbe essere *semplice, immediato?*

[114] Se *"La Cina"* diventa potente e tu temi che il tuo piccolo Stato (ad es. Svizzera, Norvegia, Islanda, Repubblica di San Marino) esploda a causa della "efferata competizione globale", tu logicamente dovresti ATTREZZARE IL TERRRITORIO LOCALE di maggiori <u>norme di difesa della ricchezza/capitale locale dai tentativi di invasione di forze esterne</u>, giammai al contrario lasciare tutto all'acqua e al vento abbattendo la vecchia veneranda siepe di contenimento, posta lì dai nostri avi non senza un perchè!

Siepi fitte ed intricate, recinzioni e *antiestetici* (ma molto duri e *funzionali)* paletti, in campagna hanno sempre difeso frutteti ed allevamenti dalle aggressioni di cinghiali, volpi e bestie selvatiche varie! Epperò, nonostante ogni misura intrapresa **l'isolamento in campagna come in politico-economia non sarà mai, mai completo,** perché *siamo tutti parte di un unico ecosistema* – un UNICO PIANETA, dove ogni bioregione conserva la sua "vocazione" ed il suo speciale equilibrio con l'ecosistema complessivo... ad una controintuitiva condizione: se ben separata dall'altra! Fu proprio così, ad esempio – *attraverso la "brutta" separazione (o "insana presunzione di autosufficienza")* - che il biotopo australiano ha potuto crescere tranquillamente, differenziarsi, ed oggi donare a noi e al mondo una <u>flora e fauna locale</u>, curiosa, particolare, ricca, bella e bella perché diversa dalle altre: unica.

[115] *La cronica distanza dell'uomo moderno dal più classico degli orti, ha deformato alcuni processi mentali un tempo logici e naturali presso l'uomo di strada.*

Come potrò mai fare il "<u>Bene del Mio Orto</u>", lasciando libere le erbacce di entrare? Certo, l'orticultore accoglie pure volentieri alcune "emigrate", ma non tutte, mai tutte, indiscriminatamente! «*Vanno selezionate! Ne và del Bene del Mio Orto!*».

*Una politica di <u>Accoglienza Automatica</u> - funzionale al "Tutto", distruggerà ogni orto.*

Una "Open Society" - società "aperta", liquida, *massimamente liberale* - distruggerà ogni Stato.

Lo Stato, quindi, è quel giardiniere che filtra le piante invasive, toglie "crudelmente, violentemente" le une per far prosperare i pomodori e le melanzane già piantate. Esso vigila prima su quest'ultime, accoglie le selvatiche solo *"se è il caso"*.

Nel suo proprio orto eradica se deve, *osteggia la dispersione/sviluppo di semenza alloctona* se può.

Se in tv ha seguito un corso di filosofia che gli dice di **amare fortemente "La Natura" facendo "Il Bene del Tutto"**, egli capisce abbastanza in fretta che gli stanno chiedendo di fare il male del suo orto! In nome de "La Natura che si Autogoverna" dovrebbe "integrare Natura" al posto dei saporiti broccoletti artificialmente coltivati dai tempi del nonno! *«Quale mirabile sciocchezza, i topi di campagna sono infinitamente più savi dei topi di biblioteca!»*, conclude. Quindi, dopo averle educatamente ascoltate, si astiene dal prestare credito a certe ideologie troppo universalistiche, poiché ciò che innanzitutto gli preme, oggi e sempre, è mangiare!

E dar da mangiare prima di tutto alla *Sua Famiglia,* non a quelle di altri, localizzate dall'altra parte del globo!

«Del resto se il nobile *Sonchus oleraceus* è riuscito ad arrivare fin qui, fin dentro il mio orto, gettando persino abbondante semenza, vuol dire che da qualche parte prima di me esso aveva un terreno nel quale è nato ed un giardiniere che l'ha lasciato andare libero di invadere altri campi! Mi chiedo come mai... dovrebbe prosperare nel SUO ORTO NATALE, dovrebbe essere felice di stare li, non nel mio, in un orto straniero, dove esistono già altre piante, molto diverse da lui, peraltro già sovraffollate e non proprio in perfetta salute».

[116] Il liberalismo esige il *"sacro diritto di difendere persino con le armi i propri diritti!"*, tant'è vero che il secondo emendamento della fiera Costituzione americana sancisce proprio questo tributo di sangue da pagare, se occorre, all'altare della "LIBERTA' DEI POPOLI DA EVENTUALI TIRANNI".

Tale dogma, però, traslato sul piano delle relazioni inter-nazionali si converte nel diritto di una qualsiasi liberale lobby, a sostenere per propria scelta con propri soldi/ armi una fazione di opposto temperamento politico che si trova pur distantissima in lotta contro un'altra! Perchè *"tutti abbiamo il diritto ma anche il dovere di difendere la minoranza da cattivi dittatori!".*

Il risultato di codesta sovr-umana, formicolante libertà?

Immaginatelo, oppure... studiatelo nei libri di storia *contemporanea* (ad es. "Cecchini di Maidan", Kiev-Ucraina 2014).

[117] Cit. Antonio Cassese, *I Diritti Umani Oggi,* Ed. Laterza 2007, p. 236

[118] Ibidem

[119] Con il termine *"Sociocrazia"* intendiamo una forma evoluta di democrazia in cui il territorio statuale è così circoscritto e demograficamente limitato, da permettere la *Coesione Sociale Massima,* sicché il criterio di validazione giuridica di tutte le decisioni politiche diventa il raggiungimento della UNANIMITA' DI VOTO, e non più o non solo della **maggioranza (relativa o assoluta).**

[120] Cfr. Michel Husson, *New Economy e Feticismo della Finanza*, Nuove Edizioni Internazionali, Milano, 2000, p.11

[121] Cit. Paolo Grossi, *L'Ordine Giuridico Medievale,* Editori Laterza 1995, pg. 5

[122] Dal titolo del libro di Pietro Barcellona, in questo testo frequentemente citato. E potremmo sottotitolare: *"Escursione ragionata in un diritto povero di umanità".*

Infatti, se è vero com'è vero che a) «*una specifica scelta tecnica nella costruzione d'un istituto giuridico è il segno d'una scelta più impegnativa avvenuta a livello del costume giuridico, ha una fondazione addirittura antropologica, attiene alla visione che una civiltà storica ha dei rapporti essenziali fra uomo, società, natura*» [Cit. Paolo Grossi, *L'Ordine Giuridico Medievale,* Editori Laterza 1995, pg. 6] e se b) la "scelta tecnica" nella costruzione del diritto contemporareo è stata quella di spezzare la pesante e arrugginita catena con la **Società Locale** per sognare una più leggera e soave **Società Globale**, ci si potrebbe domandare: quale VISIONE ANTROPOLOGICA DETERMINATA può essere difesa da una giurisprudenza che toccata da simili luci cosmiche, si perde fra le stelle, adesso persino vergognandosi di occuparsi di un uomo-tutto-locale, di una società-sempre-locale, di una natura-ovunque-locale fatti di bisogni localissimi da soddisfare e di gente che per esistere in pace e nel diritto, avocano qui e ora DIRITTI LOCALI e mai astratti? Quale visione antropologica *determinata, precisamente umana,* dovrà sottendere un diritto oltrelocale, sovranazionale, internazionale, eterno?

La risposta: NESSUNA VISIONE E NESSUN VALORE REALE FONDERA' MAI UN DIRITTO CHE E' TRANSLOCALE, ma resterà un bellissimo guscio di madreperlacei rflessi, ma vuoto, come peraltro il suo prezioso progenitore metropolitano. *"Come sopra, così sotto".*

[123] Tale *"Auspicata Stagione Riformista"* si caratterizzerà per il cambiamento del linguaggio e della forma di tutte cose, ma non della sostanza dei fatti. *Potrebbe richiedere un tempo infinito!* Procedendo parallela al *"Terrrorismo Infinito"*, *"Paura Infinita"*, *"Emergenza (sanitaria) Infinita"*.

I rimandi alle "correzioni" saranno numerose a piè di pagina delle *Nuove Scritture*, ma si avrà cura di mantenere assolutamente intatti i "10 Comandamenti" e tutti i dogmi precedentemente, faticosamente posti a fondamento della primeva società, come reliquia che pur nel mutare dei secoli, resta li sospesa in un venerabile urna al museo disponibile ai pellegrinaggi dei più sensibili e colti fedeli della "civiltà".

Le rivoluzioni dell'asterisco, ancorquando sapientemente teleguidate, possono nondimeno degenerare in biechi strafalcioni.

Non perché hai conseguito una laurea in giurisprudenza, infatti, significa che "sai scrivere bene"! Occorre perciò *mettere in sicurezza* la purezza della DOTTRINA CENTRALE (socialista, comunista, liberista, ordoliberista etc) da eventuali "aggressioni" di <u>libere attività parlamentari</u> sempre affioranti ovunque. A tale scopo, non è bene che esistano molti territori ognuno dotato di un "<u>potere di governo</u> <u>**esclusivo**</u>" (come convenuto nella *Convenzione di Montevideo* – 1933 – a definizione di "STATO SOVRANO"). *Divisi si perde, uniti si vince!* Ponendo la questione in altri termini: che cos'è una ottima legge valida soltanto in un'isola della polinesia? Non sarebbe *Legge*, non sarebbe mai *La Legge!* E noi, impiegati del Ministero dello Spirito, siamo espressione dello *Spirito*, il quale è *Universale!*

Pertanto, per vestire di **"Celeste" Autorità** l'impianto politico-economico da noi umanamente selezionato e forgiato sempre più e sempre meglio nei secoli - attraverso i nostri umili "certosini" (giuristi, avvocati, periti dispersi in pie fondazioni, istituti di formazione etc), <u>occorre che tale modello sia sparso *visibilmente* dapperttutto</u>! O almeno in gran parte del pianeta.

Ora, se le diverse culture faticano ad omologarsi e a convergere in una cultura unica a causa di tradizioni e/o aspre resistenze interne, ebbene, 2 sono le soluzioni accreditate: a) l'invasione militare (guerra); b) l'invasione amministrativa (cessione di sovranità nazionale ad *Enti Sovranazionali)*. Nel secondo caso - unico percorribile nei paesi di diritto avanzato, un esercito di burocrati da noi formati (e stipendiati) dovrà essere sguinzagliato nel tessuto sociale e dalle posizioni di potere da essi auspicabilmente raggiunte (mediatiche, finanziarie, universitarie) sarà relativamente facile convincere interi popoli ad "autoannettersi" ad altri popoli pur di natura e temperamento diametralmente opposti.

Istituito un *Unico Sovrano* ("Impero" nel caso carolingio, "SuperStato" nel caso euroamericano), potremo generare *Colonie* senza sparare un singolo colpo di cannone, e le *rivoluzioni dell'asterisco* – semplicemente cambiando "P.O.D - <u>Parola d'Ordine del Decennio</u>" (ad es. "Viva L'Omosessuale!" "Viva la Donna!" "Viva Greta Thumberg!") – potranno letteralmente **sbalordire, affascinare** interi popoli di ampissime regioni geografiche. Le conseguenti *Riforme Ortografiche* potranno procedere piuttosto traquillamente a tempo sostanzialmente indeterminato ovunque.

[124] *"Titolare più strade alle donne!".* Di questo genere sono le ultime frontiere del neofemminismo moderno, discusse nei salotti televisivi come movimenti d'avanguardia per un "cambiamento" *(ri-definizione!)* della cultura pre-esistente [Fonte: https://www.secoloditalia.it/2021/03/piu-strade-alle-donne-la-nuova-inutile-battaglia-del-neofemminismo-da-salotto-con-ferragni-e-elodie].

Oppure: *"Jus soli ai migranti!".* Quando? In piena crisi *economica* causata dal Covid-19 [Fonte: https://www.secoloditalia.it/2021/03/le-priorita-di-letta-ius-soli-e-voto-ai-sedicenni-salvini-che-cavolata-fdi-meglio-i-cervelli-in-fuga].

[125] Cit. Pietro Barcellona, *Diritto senza Società*, Edizioni Dedalo srl, Bari, 2003, pg. 123

[126] In Italia la formulazione ha preso il nome di *"Governo Tecnico"*, ma la deformazione e oseremmo dire la "presa in giro" è abbastanza nota nei sotterranei ambienti diplomatici del globo terraqueo.

Quando Mario Draghi, Presidente del Consiglio italiano 2021, definisce Erdogan un «*dittatore di cui si ha bisogno*» [cit. Quotidiano *La Stampa* 11 aprile 2021], il ministro degli Esteri di Ankara, Mevlut Cavusoglu, risponde: «*Condanniamo con forza le affermazioni senza controllo del primo ministro italiano* **nominato** *Mario Draghi sul nostro presidente* **eletto**».

In breve: "chi è il vero dittatore tra noi, se io sono stato *eletto*, e tu no?".

Certo, trattasi soltanto di sfumature da cui però comprendiamo che per un cancelliere del diritto la differenza tra rappresentante politico emerso da **elezione plebiscitaria diretta** ed uno che assurge al potere per **mandato di pochi** non è affatto di poco conto, poiché discrimina tra "<u>Dittatore Ufficiale</u>" e "<u>Dittatore Ufficioso</u>", oligarchia manifesta e oligarchia immanente (ma sempre di dittatura/oligarchia in tutti i casi si tratta!), e si sa, *"più si diventa grandi più si osservano le sfumature",* mentre i piccoli uomini sono sempre molti, nuovi ed ignari.

[127] Cit. Paolo Grossi, *L'Ordine Giuridico Medievale,* Editori Laterza 1995, pg. 182

[128] Mentre negli anni '90 alcune frange del dibattito politico in sede persino parlamentare invocavano con passione un <u>avvicinamento della cittadinanza alle istituzioni</u>, il cui esercizio del potere veniva visto sin da allora come "distante" e perciò "incontrollabile", ovvero esposto a "manipolazioni" antidemocratiche (cfr. relazione del senatore Cesare Pozzo presentata il 15 settembre 1992 alla *Terza Commissione Permanente - Sezione Affari Esteri*), oggi, dopo 28 anni, possiamo verificare prove alla mano le ragioni di quel dibattito!

Gli italiani sono spogli del diritto di gestione/conio della moneta che usano in massa h24 per lavorare e vivere, e la loro legislazione - per "decreto Monti" - ogni anno verso febbraio viene puntualmente annicchilita/stravolta da norme comunitarie UE sguarnite di alcun incensamento pure modesto proveniente da una pur canuta *Assemblea Costituente Europea*. Infatti: «[...] La necessità di un raccordo non si pone per i casi in cui un legislatore nazionale dovesse emanare leggi o altri atti normativi concernenti diritti fondamentali contrari alla Costituzione europea, ma che non siano in attuazione di norme comunitarie. In questi casi, il giudice nazionale potrà disapplicare l'atto normativo interno per conflitto con il diritto comunitario [...]. Lo stesso avverrà se la legge nazionale è in contrasto con una normativa comunitaria di attuazione della Costituzione europea; anche in questo caso prevarrà la norma comunitaria, e l'organo di garanzia potrà essere la Corte di giustizia, davanti alla quale la Commissione potrà sollevare la questione del conflitto della legge italiana con la norma comunitaria» [cit. Antonio Cassese, *I Diritti Umani Oggi*, Ed. Laterza 2007, p. 87].

La P.A.C *("Politica Agricola Comune")*, infine, sottrae alla comunità italica - a torto o a ragione - quel che le restava della tradizionale *Sovranità Alimentare!*

Al **parlamento** italiano parrebbe dunque restare il **potere dell'arbitro** di decidere a sua propria discrezione quale multa comminare all'automobilista errante – se si ritrova a passargli *carnalmente* di fianco (il che sarà evento sempre più rado nella società cibernetica futura, grazie ai notevoli investimenti UE nel *Capitalismo della Sorveglianza)*, ed il **potere del decoratore urbano** di decidere il colore della carta delle caramelle italiane, qualora per "sfortunati" accidenti storici si ritrovasse suo malgrado nella situazione di dover regolare – in deroga agli articoli 123, 124 e 125 del TFUE - qualche attività produttiva di rilevante importanza per la comunità nazionale.

[129] Ad una civiltà sostanzialmente atea che non ha più - o non trova più dentro di sè alcuna norma "celeste" da difendere "a costo della vita", resta *L'Onore* come **strumento *interno* di difesa** del proprio diritto e della propria civiltà. Perduto o mai trovato neppure questo, essa è *capillarmente manovrabile* dal Potere istituito.

Non senza motivo Hobbes suggerisce espressamente al Leviatano di eradicare o fiaccare nel popolo forme troppo sofisticate di *fede nello Spirito,* giacché un popolo che offre a Dio la propria vita, non la offrirà al Leviatano, ed avendo a spregio la sua propria esistenza, volentieri la perderà per la conquista della *"Palma Eterna",* facendosi acerrimo nemico dell'imperatore terrestre qualora questo sia ingiusto.

[130] Scriveva T. Hobbes nel 1652 ne *"Il Leviatano",* cap. XI, par.1: «Nella trasgressione di una legge non solo vi è la colpa, ma anche il disprezzo verso il legislatore, e questo *deve* essere ritenuto come una violazione di tutte le leggi» *(corsivo mio).* Orbene, soffermiamoci per un momento su quel "deve".

*E se il legislatore fosse ben degno di disprezzo, abile dissimulatore o abilmente corrotto?* Illegittimo, inopportuno, fanfarone, incolto, stolto, stupido, pervertito, disumano, bugiardo, astuto, luciferino etc. Ci avevamo mai pensato?

«Il proposito di violare la legge è già un'offesa alla legge che – continua Hobbes – *impone di essere osservata»* *(corsivo mio).*

Se oggi, dopo 370 anni, nessuno ha ancora diffusamente argomentato sul motivo esatto per il quale una legge solo perché è legge "impone di essere osservata", un motivo ci sarà?

Perchè mai anche la Legge e le procedure con cui essa viene materialmente al mondo dovrebbero essere oggetto di FIDUCIA INCONDIZIONATA da parte del Popolo? Si tratta forse di una nuova laica *"Incarnazione del Verbo"?*

*La mancanza di divinità terrestri a tutela del Tutto fornisce ampia base giuridica alla gandiana <u>Disobbedienza Civile</u>!*

[131] "Centrale" è quella banca che "conia" le monete, laddove le banche non-centrali a) le prendono in prestito dalla Centrale, oppure b) le "coniano" anche loro "dal nulla" come la madre, ma seguendo limiti, precetti ed istruzioni spedite per fax dalla BC.

Storicamente vediamo che <u>la moneta nasce come *strumento* in forma di SIMBOLO NUMERICO SOLIDO utile a stimolare, misurare e coadiuvare **produzioni** e **scambi** di beni/servizi fra sconosciuti e abitanti reciprocamente molto distanti all'interno della stessa area linguistica o culturale.</u> La moneta giammai nacque per frenare orribilmente queste attività umane ancestrali - la PRODUZIONE e lo SCAMBIO, nell'antiumano fine di *"tenere bassa l'inflazione"*!

Il mito norreno di una *"Banca Centrale Indipendente",* quindi, altro non è che l'immagine di un popolo la cui quantità complessiva di produzioni e scambi commerciali ("politica monetaria") è ostaggio della volontà di "ENTI TERZI INDIPENDENTI" (residenti sulla luna?), quando in origine (in Italia, sin dal 1861) era soggetta ai limiti e alla vigilanza di rappresentanti puramente *politici*, forse brutti e cattivi, ma senza dubbio *democraticamente eletti.*

E la domanda da porsi è: se vieni dalla Luna – o dalla Goldman Sachs, è assolutamente certo che sarai un banchiere meno brutto e cattivo di uno democraticamente eletto, e più rispettoso degli interessi economici della popolazione italiana?

Eppure, codesto nuovo bizzarro "diritto dei Popoli" - quello ad una "Banca Centrale Indipendente" cioè PRIVATA - è entrato di diritto in una "costituzione" non meno bizzarra: il TFUE che regola i rapporti economici di ben 27 paesi!

*Il Popolo non andava* <u>*informato scrupolosamente*</u> *e poi* <u>*interpellato direttamente*</u> *prima di procedere ad una simile RIVOLUZIONE SILENZIOSA? I Trattati Europei... sono veramente legittimi?*

www.ingramcontent.com/pod-product-compliance
Lightning Source LLC
Chambersburg PA
CBHW071345150726
47997CB00002B/858